精进与卓越

40位名师的专业成长之道

大夏书系·《中国教育报》四十年文存精选

丛书总策划　张文斌

总主编　周飞

副总主编　张圣华　蔡继乐　张国华

主编　汪瑞林

副主编　胡茜茹　龚萍

华东师范大学出版社

·上海·

图书在版编目（CIP）数据

精进与卓越：40位名师的专业成长之道 / 汪瑞林主编；胡茜茹，龚萍副主编 .
—上海：华东师范大学出版社，2024
（《中国教育报》四十年文存精选）
ISBN 978-7-5760-4817-9

I.①精… II.①汪… ②胡… ③龚… III.①中小学—师资培养—文集 IV.① G635.12-53

中国国家版本馆 CIP 数据核字（2024）第 060382 号

大夏书系 | 《中国教育报》四十年文存精选

精进与卓越：40 位名师的专业成长之道

主　　编	汪瑞林
副主编	胡茜茹　龚　萍
策划编辑	李永梅　卢风保
责任编辑	卢风保
责任校对	杨　坤
装帧设计	奇文云海 · 设计顾问
出版发行	华东师范大学出版社
社　　址	上海市中山北路 3663 号　邮编 200062
网　　址	www.ecnupress.com.cn
电　　话	021-60821666　行政传真 021-62572105
客服电话	021-62865537
邮购电话	021-62869887
地　　址	上海市中山北路 3663 号华东师范大学校内先锋路口
网　　店	http://hdsdcbs.tmall.com/
印 刷 者	北京密兴印刷有限公司
开　　本	700×1000　16 开
印　　张	15
字　　数	207 千字
版　　次	2024 年 5 月第一版
印　　次	2024 年 5 月第一次
印　　数	5 100
书　　号	ISBN 978-7-5760-4817-9
定　　价	65.00 元

出 版 人　　王　焰

（如发现本版图书有印订质量问题，请寄回本社市场部调换或电话 021-62865537 联系）

目录　c o n t e n t s

01 课堂重建：帮助学生成为学习主人

王春易

人物介绍

王春易，中学生物特级教师。现任北京十一学校副校长、中国教育科学研究院"学习与教学研究中心"主任。曾获得全国模范教师、省部级劳动模范、北京市优秀党员、先进工作者等荣誉称号，倡导课堂变革，主持的"聚焦学生的学习：教学方式转变的动力机制研究"，获 2018 年基础教育国家级教学成果二等奖，已出版《从学科教学走向学科教育》《选课走班 100 问》等专著。

我特别欣赏陶行知先生说过的一句话："先生的责任不在教，而在教学，教学生学。"

我对这句话的理解就是，教学的目的不仅是教会学生知识，更要教会学生学习。教师如果只"教"或只"教学"，把学生当作容器灌输，学生被动地接受知识，则其自主能动性难以激发，学习能力很难提升；教师只有"教学生学"，将学习的方法和解决问题的钥匙交给学生，才能激发学生的学习热情，启发学生的思维，培养学生的自主学习能力，学生才能探知识的本源，求知识的归宿，成为真正的实践者和创造者。

让自主学习成为习惯

在我的教室内有一条横幅，上面写着"让自主学习成为习惯"。

自主学习需要学生根据学习目标，自主制订学习规划，优化学习路径，不断自我反思，通过多种方式，实现学习目标，解决问题。显然这个过程对学生来说是不容易的，比起坐在教室里，一味地听老师讲，记录老师的板书要困难得多，也要辛苦得多。特别是当学生还没有掌握自主学习的方法时，自主学习是很有挑战性的，学习效果和学习效率都会受到影响。我曾经在课堂上发现，学生自主阅读时，抓不住章节的重点，找不出段落间彼此的联系，更提不出自己的问题；小组讨论时也常常跑题，或争得面红耳赤，或不欢而散，学习效率不高。

实际上，课堂上引导学生自主学习，这个过程对老师来说，也是很艰难的。多年的教学实践证明，老师准备好教案，按部就班地讲课是最简单的教学方式。帮助学生学习，教会学生"学"是不容易的。但是如果课堂上不开始自主学习，不帮助学生学会自主学习，学生可能永远不会自主学习，或者自主学习的效率始终不高，遇到新的学习内容，碰到新问题，就会永远等着老师，需要自主解决问题时就会产生畏难情绪。所以"让自主学习成为习惯"，既是写给学生的，也是写给老师的，通过这样的氛围营造，鼓励师生双方都要改变各自熟悉的教学方式和学习方式，走出自己的舒适区，不断挑战自我，在自主学习的过程中共同成长。

营造自主学习的氛围，还需要在课堂上营造自由、民主、和谐的学习氛围。例如，每个单元我都将学习目标分级，供学生自主选择，学生可以根据自己的学习基础和实际情况，选择适合自己的学习目标，既可以选择达标级，也可以挑战更高的学习目标；学习方式也可以自己选择，可以选择自己学习，也可选择小组合作学习；桌椅可以根据不同的学习内容、不同的学习方式采取不同的摆放形式。当我们充分尊重学生时，尊重他们不同的学习基础、不同的学习路径、不同的学习方式、不同的学习能力，学生会感受到身心的自由，感觉按照自己的方式学习很安全，他们的思维会变得异常灵活，灵感更容易被激发，学习潜力更容易被发现，创造力会得到更好的发展。课堂上大量的时间交给学生进行自主学习，学生有了更多思考的时间。师生间、生生间平等的交流，能让学生的思维更加活跃和发散，他们不再迷信老师和书本。在师生交流课上，在关于生物内容的学习中，有的学生会根据自己的生活经验提出新的看法，有的学生会用化学知识提出疑问，有的学生用数学知识推理，有的学生用物理知识与我"讲理"，还有的学生用网络上的多种观点提出反驳……课堂表面上看似混乱，但是师生都紧紧围绕问题，似乎都有话可说，常常争论不休，思维的火花不时迸发，在这过程中，收获着宝贵的教学相长。

讲给别人听是最好的学习方式

我自己有多年的教学经历，一年一年地讲，为了让学生爱听，爱学，自己也钻研了很多东西，花了很多心血，可以说是越来越会讲课了。在帮助学生自主学习的过程中，我放弃了自己讲的教学方式，引导学生自主学习。有的学生开始不愿意接受这样的学习方式，更喜欢听老师讲，喜欢老师面面俱到地讲，愿意让老师细致周到地讲，喜欢老师将重点、难点、考点都一一呈现，然后记在笔记本上回去再复习。在推进小组合作学习的过程中，有的学生不愿意与他人分享，不愿意参加小组讨论，特别是一些学习成绩比较好的学生，他们认为自己会了，不愿意与人分享，不愿意帮助其他同学。

如何帮助学生转变观念？如何帮助学生理解合作学习的意义和价值呢？我与学生分享了自己教学和学习的经历：老师讲课学生之所以喜欢，那是多年"讲"出来的，在一遍遍的讲解中，不断加深对课程内容的理解，不断优化素材，完善教学方案，是一次次的讲让老师获得进步和成长，所以"讲给别人听"是一种很好的学习方式。我进一步引导学生：很多内容，你看一遍，不一定能够记住；听一遍，不一定能理解；而给别人讲一次，效果就不一样了，自己一知半解，是无法讲给别人的，别人一追问，说不出来所以然，说明自己还没有真正掌握。如果还要让别人喜欢听，让别人能够听明白，还可以回答别人的问题和质疑，这个过程是对自己是否真正理解所学内容或是否会应用知识的一个检验。给别人讲的过程，会不断加深对所讲内容的理解，别人的质疑和问题不断促进你的反思，拓展你对内容的思考。讲给别人听，表面看帮助了其他同学，实际上自己更受益。

在这样的课堂文化中，小组合作学习的氛围开始改变，自认为学得不错的学生在讲的过程中，确实有讲不下去的时候，发现自己理解不够准确；学习基础稍弱的学生也会在一次次追问中将主讲的同学问得哑口无言；有的学生在课上讲得头头是道，当时没有受到质疑，回去自我反思却发现自己讲得有问题，第二天上课时，主动要求重新分享所讲内容。正是在这种你问我讲、你讲我问的过程中，大家的思维都被打开了，对所学内容的理解不断深入，看问题的视角不断拓宽，学习由书本引申到现实生活，由课上延伸到课下，而且学生的理解力、表达力、反思力都在潜移默化地提升。

授人以鱼不如授人以渔

自主学习不是让学生自己学习。特别是对中学生来说，很多学生还没有形成自主学习的方法，自主学习能力还不够，此时方法的指导不可缺少。

以阅读为例，生物教材有很多图表，可读性很强。可是我发现很多学生不习惯阅读教材，有的学生告诉我读不出什么内容，更喜欢听老师讲课，还有一些学生喜欢做题，不愿意读教科书，在做题中遇到困难和问题，才拿出教材寻找答案。也有的学生阅读的时候比较机械，死记硬背，将所有的名词术语都背下来，但是对于问题还是不能迎刃而解。所有这些问题都说明，学生不会阅读，他们没有理解编写者意图，不知道章节之间的逻辑关系，不能深入理解蕴藏其中的学科思想，无法整体形成知识体系，获取有效信息的能力不足。

针对这些问题，教会学生自主阅读，仅仅提供阅读时间还不够，还要给出具体的阅读方法，提供阅读的工具，使学生逐渐学会自主阅读。我结合生物教材的特点，基于文本、图表和实验等不同的内容，向学生推荐了不同的阅读方法。在文本阅读中，我向学生推荐了"隐含内容，引导阅读""同类内容，归类阅读""易混内容，对比阅读"等十种阅读方法。例如：有的内容教材高度概括，叙述得比较简洁，需要深入挖掘；有的内容只配了图，对应的文字不多……针对这些隐含的内容，我建议学生通过设计问题来引导阅读，突破这些隐含内容。例如，教材中配有"细胞周期图"，阅读中可以通过以下问题来挖掘图中信息：①细胞周期包括几个时期？②哪个时期最长？有什么意义？③如何描述一个细胞周期？④所有细胞都有细胞周期吗？

有的内容相关性比较强，却分散在不同章节或者模块中，针对这些同类内容，需要总结一下，归类专题阅读，以思维导图的形式呈现。例如，有关染色体的内容，分散在不同模块、不同章节中，通过归类专题阅读，学生绘制了以"染色体"为核心词的概念图，彻底澄清了染色体与染色质、姐妹染色单体、同源染色体的关系，染色体与 DNA、基因的关系，染色体与单倍体、多倍体的关系。通过专题阅读，可使学生对相关知识掌握得更全面、更系统、更深入，形成完整的知识体系，同时培养学生综合分析的思维能力、综合运用的解决问题能力。

生物学科教材中图表比较多，如何阅读图表，如何深入理解背后的信息呢？我向学生推荐了"感知—理解—迁移"三步阅读法：见到图表后首先要感知，通过阅读图表的名称，观察图表的走势，捕捉关键节点，建立初步联系；然后与对应的文字内容相结合，深度理解图表的含义，也可以通过图表与图表之间的比较来加深理解，建立知识图谱；最后经历自我反思、自我优化的过程，通过模仿、改良、自我创造等多种方式迁移应用，构建出符合自己认知的图表。

总之，在帮助学生学会学习的过程中，我始终从学生实际出发，通过观察学生学习中的现象，发现问题，归类，找到症结，然后因地制宜地解决。

（《中国教育报》2019 年 4 月 10 日第 10 版）

02 在成就学生中促进自身成长

罗 滨

人物介绍

罗滨，北京市海淀区教师进修学校原校长（现任中国教育学会副秘书长），博士，正高级教师，化学特级教师，全国优秀教师。国家教材委员会专家委员会委员，国家教师教育课程资源委员会委员，全国中小学教师培训专家组成员，中国教育学会学术委员会副主任，义务教育和高中化学课标组成员，北师大教育硕士导师。长期从事教师教育、化学教育、科技创新教育、学校管理等工作，享受国务院政府特殊津贴。

工作近 30 年，从一线教师到教研员，从教学副校长到校长，从兼职教委副主任到担任教师进修学校校长，让我能够从不同角度考虑教育教学。从化学教学到课程标准研制，从每天和学生在一起到和教师在一起，从自己努力上好课到帮助其他教师上好课，让我能够从不同角度思考师生的成长。

通过自我反思改进教学

回顾自己从教最初的十年，大致经历了五种方式的教学探索，这也成为我以后工作的坚实基础。

讲解接受式教学。 入职初期，心中好教师的标准是"上课讲解清楚明白、课后耐心答疑解惑"。我每周参加区教研活动、听老教师讲课，反复修改教案、提前准备好实验，精心上好每一节课。学生喜欢我上课的清晰及较强的逻辑性。直到一次大考，学生答卷让我意识到从讲解清楚到学生理解之间是有距离的。

启发发现式教学。尝试将教学内容转化成问题，学生看书、讨论，然后把对问题的理解和解决思路表达出来，我就知道他们理解到什么程度了。好教师的标准变成了"学生对化学双基的掌握"。但是，半年多的时间，又有了新问题：缺乏实证，有些问题难以深入。

实验探索式教学。我整体指导，学生做实验，观察、记录、分析、讨论、得出结论，获得丰富的直接经验。此时，好教师的标准是"学生的实际收获和兴趣"。后来又发现，照方抓药式的验证性实验，学生的思维受限，也难以保持持久的兴趣。

问题解决式教学。学生通过预测、设计方案、实验并记录、得出结论、交流分享来学习。从已知到未知的探索，无论成功与失败，学习的过程都会深深印入脑海，甚至还成为毕业多年以后再聚会时谈论的话题。当时我认为好教师的标准是"学生解决问题的能力"。两年后又发现，学生洞察问题和提出问题的意识缺乏、能力不够。

探究式教学。进行探究式教学的尝试。备课时，我根据教学内容，收集大量的真实素材，学生独立或者和我一起提出主要问题，再来探究解决。此时我心中好教师的标准发展成为"学生发现和解决问题能力的发展、化学研究方法的掌握、学生的兴趣浓厚而持久"。

做教师，就要努力上好每节课。自己不知不觉走出一条基于研究的教学改进之路，出发点和落脚点都是学生的成长。学生从喜欢化学到喜欢学习，从学会化学知识到从化学的角度分析问题、做出决策，从关注成绩到关注社会，他们的成长总能让我感受到生命的意义。

通过更多好课成就学生

课改就要改课，好课成就学生。课堂是学生学习的主阵地，课程改革就要在主战场上打攻坚战。在我工作的第二个十年，课题研究成为提高课堂效率的有效措施。我先后主持了"高中化学问题情境创设""实验化学实施策略""提高中等生课堂学习效率""化学精品课程资源建设""创新人才培养"五个课题。五个课题组就是五个教研团队，大家自愿走到一起，从问题到课题，明确目标和任务，开展研究和实践，持续反思和改进，好课越来越多。

好课就是发生了有意义的学习的课。未来，跨界创新成为新特征，好课就要为此服务，特别是发展全球胜任力、数字读写能力、创新能力和国际理解能力以及坚毅、敢于承担责任的品格。好课要带给学生经历和体悟，每一名学生在解决问题的过程中都能创生新意义。学生的理解和应用是交叉进行的，在理解中应用，也在应用中理解，从而建构新的认识，形成新的思路。这些基于学科又超越学科、超越今天面向未来的课，能助力学生"学会""会学""爱学"。

好课需要好的学习活动设计和实施。为了找到好的情境素材形成挑战性学习任务，我们进行高中化学问题情境的创设研究，构建模型，基于高中化学必修 1 和必修 2 所有的内容，结合实际，梳理、研发了系统化、结构化的情境素材，并有学习活动设计建议，可模仿、可迁移提升。高中"化学精品课程资源建设"的课题，让我们关注到学生从实然到应然的发展空间，选择适合的教学策略，帮助学生成为主动的学习者，分析预测、设计方案、动手实践、评价、质疑、表达观点等行为以及适合的思维容量，有利于发展高阶思维能力。

好课就要给学生学以致用的机会。好课关注应用性实践，给学生面向真实情境的学以致用的机会。学以致用需关注三个转向：学习内容从孤立、有限，转向学科内主题间和跨学科的关联；学习方式从倾听、记忆和模仿练习，转向动脑想、动嘴说、动手做、动笔写；学习结果从掌握技能技巧、解题的套路，转向获得方法、理解本质、构建思路。这样的学习，学生常常遇到困难，但是解决困难的经历和结果，往往能激发学习的动机，发展想象力，增加解决问题的视角，增进彼此的理解，特别有助于提高解决复杂的、不确定性的、有冲突的真实问题的能力，有利于唤醒每个孩子身上隐藏的智慧和内在的动力。

通过教研创新成就好教师

教师是教育发展的第一资源。从入职到熟练型教师，从骨干到教学名师，是一个不断提升教育情怀、强化职业担当的过程，也是一个不断提升育人能力的过程。教研，如何帮助教师呢？在工作的第三个十年，用项目的方式推动，围绕"学业标准""学科能力""深度学习""学科教学关键问题""教研转型"五个领域，开展群体性教学改进。相对于课题研究，项目以研究为基础，更加重视一线教师的实践以及对行政和业务的双重推动。

好教师是潜心教育的教师，教研要为教师树立榜样。好教师有理想、有信念，潜心工作、向上发展，不会自我设限。好教师能帮学生看到更大的世界，给学生带来行为或思维持久的变化，收获着学生成长以及自我成长的幸福。"十二五"以来，海淀区多次举办名师教学研讨会和成长中的骨干教师教学论坛，名师工作站的教研员一起协同，梳理名师教学成果和育人贡献，特别是将名师成长的关键性经历提炼出来，研讨会后还将名师的材料课程化，成为全区教师学习的课程模块。

好教师兼具研究者视角，教研要为教师的教学增智。好教师从学生的学习出发，以实践者和研究者的双重身份，在教学实践及其改进中实现师生的共同成长。教研员带领教师们研制海淀区学业标准，基于深度学习进行教学改进，进行学科教学关键问题的提炼和解决，等等。经过研究和教学实践改进，教师们获得了可迁移的能力和方法，这样的输出性学习，更能加深理解，建构意义。教师的学习可以概括为输入新理念、新知识、新案例、新经验，这些经历能帮助教师深入理解学科、学生和教学，从知道是什么逐步转向追问为什么，有利于提升创新意识、创新思维，有利于建构起教书育人的新思路、新方法。教研员创造性地设计学科研修必修、限选和任意选修课程，将师生成长与大数据链接，找到关联，充分解读、使用大数据，帮助教师精准地改进教学，这都能给教师的教学增智。

好教师师德高尚、学术精深，能够影响学生的精神世界。好教师在讲台上成长，教学成长是教师成长的重要标志，教研要为教师的成长赋能。一是通过引领赋能：变化已经成为常态，教研回应时代发展，需要通过引领实现赋能，引领教师前瞻性地思考，丰富教学方式，促成学生的理性思考、动手实践，以证据支持假设来帮助学生体会学科本质和学科思想方法，用具有单元学习特征的、长周期的、校内校外相结合的实践，突破课时学习的限制，打破课堂学习的边界；二是通过链接赋能，实现课程标准、教育理论、优秀经验与课堂教学的链接，实现当下与未来、单学科与多学科、中国与世界的链接，帮助教师理解学科育人和学生成长的新要求，实现学科核心素养可培养、可干预、可评价。好教师有着"想干事""真干事"的勇气，这种使命感和担当精神将成就好教师走向教育家。

创新与坚持是教研探索和领航的基石。教研员应是区域学科首席教师，是教师的教学伙伴，更是探索者和领航者。新时期，教研员在教研过程中要持之以恒地倾听学生的声音，解决育人难题，从"舒适区"主动走出来，迎难而上，通过引领、链接、创新赋能，给予教师专业发展的内生动力和外部支撑，提供更宽松的空间，更充足的阳光和养分，助力师生幸福成长。

（《中国教育报》2019 年 4 月 17 日第 10 版）

03 润物释理，"对话"改变课堂

张韶龙

人物介绍

张韶龙，现任教于上海南汇中学，上海市物理特级教师，上海市浦东新区精品课程"悟物探理，润物释理"主持人。38 年来潜心钻研教学问题，倡导基于"对话式教学"的"五味·三能力"课堂，注重培育学生的科学思维能力、逻辑严密能力和流畅表达能力。曾荣获全国教学大赛一等奖、上海市教育教学论文一等奖等奖项，已出版《教育的物证理治》《笃行润物释理　对话导航探究》等专著。

经过 30 余年的教学实践，我感悟到，真正的教育变革发生在课堂之中。"知识、能力、素养"三者兼顾是时下我国教育的发展诉求，学生核心素养培育被提到了前所未有的高度。为达成这个教学目标，我一直在摸索动静结合、坚守传承与开拓创新并举的新型课堂。

物理教学应当有"五味"

自觉将物理教学与科学技术、社会生活相结合，回归常识、回归本真，是我倡导的物理课堂教学的新常态。为了加强学生核心素养的培育，近年来，我一直在探索基于"对话式教学"的"五味·三能力"课堂。"五味"即物理教育应有"物理的本味、德育的韵味、哲学的品味、对话的意味和探究的趣味"；"三能力"即力求发展学生"科学的思维能力、严密的逻辑能力和流畅的表达能力"。在基于问题的自主学习、基于分享的合作学习和基于对话的探究学习状态下，逐步形成了"润物释理、实验为本、激扬民主、导航探究"的教学特色。

下面以"自由落体运动"相关内容为例，说明一下我的教学具体是如何进行的。一般教师上这节课时，只需从物理学科知识角度，为学生讲解清楚初速度为零的匀加速直线运动的运动规律。我觉得仅仅让学生学到知识还不够，同时还想让学生明白，即便是自由落体运动，也并不自由，而是始终在重力的约束下的运动，进而让学生体悟其背后深刻的哲学意味：人们追求自由，同时也必须自觉遵循自然规律，应主动遵守各种规范的约束。接下来我通过对相关物理学家观点的讲解，引导学生更深入地思考问题。比如，我引导学生聆听亚里士多德与伽利略"跨越时空的对话"，体验思想碰撞的快乐。同时带领学生体验探究的趣味，在课堂后半部分的一些教学环节中，教师少讲解，学生多探究，鼓励学生在自主实验探究过程中"做中学、说中学、悟中学、学中学"，养成合作学习的习惯，激发他们科学探究的乐趣。

再如，在"牛顿第三定律"的教学过程中，我注重引导学生进行基于问题的自主学习。此时教师应关注认知主体的心理状态，鼓励学生基于问题与自己对话，关注学生自主学习的经历与体验，引导学生在合作学习及与同伴对话的过程中，对相互作用力的关系进行猜测并自行设计、完善实验探究的方案。科学教育的途径之一是科学思维，牛顿曾指出反证法是科学家最有力的武器之一，由此教师可以引导学生参照反证法进行猜想及论证。在猜想及论证的基础上，组织学生进行分组实验探究，让学生自己得出作用力与反作用力大小、方向的关系。接下来在演示、阐述火箭推进原理的基础上，进行加装风挡实验，带领学生观察、记录、剖析实验现象，此时教师实际上是在铺设阶梯，教学的过程就是带领学生逐步拾级而上，最终启发学生自己设计航空发动机的反推力装置和反推力制动装置。引入当代科学技术的实例，有助于加深学生对相互作用力的理解。

探索"对话式教学"的新形态

我赞同"对话式教学",但它并非我本人独创。"对话式教学"最早由 20 世纪批判教育理论家保罗·佛莱雷在《被压迫者教育学》一书中提出。在我看来,大数据时代"对话式教学"又有了一些新的特征:"对话式教学"应在师生民主平等、互相尊重信任的氛围中,基于双方思想碰撞、信息交流、心灵交汇,形成差异认知、互动生成、批判融合的状态,在经验共享中创生知识和教学意义,从而促进师生共同成长与发展。

在"基于'对话式教学'的课堂是为了每一个学生的终身发展"的价值理念引领下,我一直在研究思考,并试图解决以下问题:如何厘定"对话式教学"的课堂形态?"对话式教学"策略中哪种方式最有效?如何以课题的形式探究各种"对话式教学"的内涵?如何有效实施理论指导下基于对话的高中物理课堂教学实践?最后我廓清了"对话式教学"应以"读、说、问、讲、议、探"为基本形态。读即是:读好教材、读好学生、读好老师,读得心懂。说即是:说清观点、说明见解、说清疑惑,说得心清。问即是:问学疑难、问学思路、问学方法,问得心明。讲即是:讲解概念、讲解规律、讲解学法。议即是:议论深度、议论广度、议论瓶颈。探即是:探究现象、探究原理、探究过程。"对话式教学"的基本策略包括:民主共融,平等开放的策略;创设情境,激趣质疑的策略;欣赏差异,研讨论辩的策略;倾听问题,机智疏导的策略;学生主体,话题共鸣的策略;理性生成,深度理解的策略;润物释理,悟物探理的策略。"对话式教学"的话题可以源于学生的"胡思乱想"、学生的困惑、教师的预设、课堂的生成和学生的质疑等。

"对话式教学"中,学生提升的是信息的获取、加工、表达的能力,养成的是主动、自信、踏实的学习习惯,发展的是辩证、理性、变通的思维品质。"对话式教学"不仅是教学的形式,也是教学理念与过程。

在"对话式教学"的课堂中，在学生的心中，教师应是可以倾诉心里话的朋友，是懂得欣赏自己的家人，是愿意与自己分享快乐的伙伴。师生在平等与和谐的对话中，在心灵与心灵的交融中，在教师将学生支支吾吾的懵懂的话语转化为学术语言的过程中，提升着彼此的生命质量。

强化"对话式教学"的育人功能

我一直反对"题海"战术，在我看来，它会把学生的脑子"烧"坏，会把学生的兴趣淹没；而基于对话的课堂教学具有反思、批判、融合与互动特征，能引导学生学习，促进学生能力的发展，对于学生的认知能力、社会能力发展和个性化发展都有着积极的促进意义，有利于学生学科素养的提升。

例如，在关于"浮力"的单元教学中，开始时我会这样启发学生：牛顿看到苹果落地，想到了引力；我们看到木块漂浮在水面，想到了什么？之后我让学生用手向下压一下木块，通过物理的"漂浮"现象让学生真切地感知浮力的存在。接下来我深入分析讲解浸入液体中的物体的受力情况，启发学生对这个问题进行深入思考。我再引导学生设计实验，探究浮力的存在和计算浮力的大小，从而能辩证地理解"示差法"["阿基米德原理"中的"浮沉条件"只是计算浮力的大小，弹簧秤（力传感器）显示的是读数的差值]与"压差法"（浸入液体中的物体受到液体对其上下表面的压力差，才是浮力产生的真正原因）。通过实践分析，学生最后明白"压差法"是因，"示差法""阿基米德原理""浮沉条件"是果。课堂后半部分，我要求学生用完整的陈述句表达分享自己设计的实验方案、观察的实验现象或者得出的实验结果，再归纳出"浮力计算方法"的四种模型。在这个过程中，学生的科学思维能力、逻辑严密能力、流畅表达能力均有所提高。

在教学过程中，教师导航，学生探究。与生活现象对话"看浮沉"，可以观察浮力现象；在同伴合作中"测量实验"，能体验浮力存在；师生合作，探究问题本源，能提升锻炼思辨能力；跨越时空与阿基米德对话"阿基米德原理"，则有助于深入探究浮力的内部机理；回归与生活现象对话"浮沉条件"，则能培养学生流畅表达、灵活应用的能力。这样就建构了具有一般认知规律性的"基于现象、回归解释、理性认知"的物理教育图景。

基于对话的课堂教学特别重现知识的发现历程，创设情境让学生体会创造知识的过程、激情和乐趣。在课程的实施过程中力求做到：基础型课程，少讲多探，与学生一起"玩"中学，而不是"做"习题，演绎物理概念、规律的生成过程；拓展型课程，激趣质疑，激励学生内涵认知，提升物理学科的核心素养；研究型课程，引导学生站在巨人的肩膀上，探索创新。

亲其师，信其道，见其行，现在学生们都亲切地称我为"龙哥"。

（《中国教育报》2019 年 5 月 22 日第 10 版）

04 寻求个性化的语文教学智慧

龚志民

—— 人物介绍 ——

龚志民，现任教于深圳第二外国语学校，国家"万人计划"教学名师，广东省中学语文特级教师。倡导"教师即教材"的教学理念，以"课例文学"的方式开创了集教、学、研于一体的教学反思文体，探索教师下水作文加学生作文升格的作文教学法。已撰写出版多部教育教学著作。

通向反思之路的课例文学

我小时候从收音机上听单田芳的评书上瘾，就买了单田芳的书，结果找不到听评书的那种感觉。口语是流动的瞬时艺术，而文字原著是凝固的、耐人回味的文字艺术。那时我就明白：好听，不等于好看。

好教师在教学生涯中都会留下让人回味的、代表自己风格的"代表课"，但所有的课堂教学都存在着想得到却未必做得到的缺陷。一堂好课，从构思到教学，无论多么认真，教师仍常觉意犹未尽。我试图通过撰写教学反思来促使自己的课堂艺术日臻圆融。

我将自己的教学反思叫作课例文学。我用课例文学来升华自己曾经的课堂，再融入下一次课堂。课例文学就是以教材文本为引，把师生所思、所做、所探究，甚至备课、成课的过程，用典型化、文学化的语言记录下来，加之以少许理想化成分，就成了课例文学。课例文学是经过典型化、艺术化处理的课堂，当然比现实好课更好，能够深度盘整思维和语言。当教师笔下有了形形色色的美好，自然就会生成课堂解决方案。教师把提升思维、升华审美、沉淀文化的过程凝固成文字，进而生成新课堂之"场"。

好的课堂教学、反思与课例文学是良性循环、相得益彰的。先进行课堂实践，再提炼成课例文学，相互滋养，形成文学化的、与课堂圆融互摄的教学反思。我追求四心合一：得经典初心，合时代新心，与青春学生以心印心，与生活和鸣会心。有初心才有信念，有新心才能致用，能印心才入佳境，有会心才有快乐。

我教中学语文已31年。教材就是那么几本，读者年年改变。语文之韵，是教材、教师、学生、时代、生活一起奏出的和音。能入其境者，韵味百变。无论是续灯传承、人文复兴，还是反思置疑、批判创新，那些经典文本，体验到多少，就收获多少。在人文经典面前，既要有磨转心不转的坚守，又要有因时而化的胸襟。既要精磨教材，以不敌之心，上溯思想文化的厚重；又要深耕课堂，入和鸣之境，琢磨语言审美的个性。

重捋思路，破解课堂难点

《庖丁解牛》一文内涵深邃，难以言表。我在课堂上意外地发现，借助舞蹈可以发掘师生对庄子大道的体验。

基本字词讲解之后，我问全班学生："根据文章内容，文惠君从解牛的庖丁那里悟到、学到了什么养生之道？"一个女生稍思片刻起身回答："养生在于运动。"我又问："你的依据是什么？"该女生回答说："'手之所触，肩之所倚，足之所履，膝之所踦，砉然向然，奏刀騞然，莫不中音。'文惠君被庖丁丰富且有韵律的肢体语言所感动，听了庖丁的解说，最后决定一定要学会庖丁这套头手膝足并用、优美有味的动作。"

这个答案不在我的预设之中，我讶异地望着她，继续问："你觉得庖丁解牛，是一种优美有效的全身运动，文惠君从中揣摩学会了一套'庖丁解牛体操'，并下决心坚持每天早晚各做两遍？"全班大笑，这名女生有点儿不好意思。

接下来我对她的答案给予了肯定："言之有据。假如文惠君真的坚持每天做这套体操，也肯定会有助于养生。"学生从第一段传神描写中，先发现的是庖丁优美的形体语言。我灵机一动，既然学生对肢体语言感觉敏锐，何不因势利导，先带他们品味肢体节奏之美呢？我随即用电脑搜索出《大河之舞》播放了一分钟。屏幕上一群穿紧身皮裤、线条优美的青年男子，跳着节奏简单、音韵铿锵的踢踏舞，节奏整齐，震撼人心，顿时迷住了全班少男少女，尽管不少学生以前看过，但真正的艺术是历久弥新的。教室中响起几声轻轻的尖叫，我站在教室后面重温青春激情，渐渐地我的脚也不由自主地微微颤动，并觉得庖丁解牛时或许也是这样动的。一分钟很快过去，我模仿着踢踏舞步再次走上讲台，学生们都笑了。

这节课让我深刻体会到，好课应当因势利导，好课可以不拘一格。

课堂上的言外之意与课后反思

在《归去来兮辞》的课堂反思中，我把所说、所思、效果一起描述：

我一身浅黄唐装走上讲台，浅笑着环视，开讲。"我是陶渊明"，面对像企鹅一样厚拙的老师的自我介绍，学生先愕然，继而大笑，教室里响起轻微的振动，像春天雏鸟在蹬枝学飞。我补充说："我真的是陶渊明，但不是东晋那个。任何时代都有寻找陶渊明式幸福的人，绝大部分人心底都或多或少地有与陶渊明相类似的回归田园的精神因子。否则，世界早已不成样子了。有些人想做陶渊明，做不成；有些人没得选择做了一生耕田翁；有些人舍不得放下，口念而实不至；有些人间歇性地做陶渊明。你们看，那些带有草地、花园的田园式房子，房价涨得最快，就是那些想偶尔学学陶渊明的人买贵的，陶渊明对今天的高房价也是有责任的。"

教室里又发出笑声，教室后面一排听课的老师也笑了，对房价大家的感受太深切了。

缘于小时候对评书的酷爱，有时候我会将借鉴而来的说书艺术，带入到语文课堂。比如，我用说书人的语言描述荆轲临死时的场景：

荆轲感觉自己的血正在快速流淌，几近于尽，眼前幻影晃动，黑影重重，阶下那些诸侯卿大夫统统变成了黔首，天下的血流成了河，逆黄河而上，汇入咸阳，秦王被血色环绕，膨胀欲裂。荆轲突然感到自己全身每一滴血都在跳跃欢唱，他知道自己即将在涅槃中解脱。如果灵光不昧，自己愿来世仍往来于华夏某处，与高渐离一起击筑吹箫舞剑踏雪。他依稀感觉到又不太可能。那幅摊放在秦王几案上的督亢地图，边界线在一点点消失，图中黄河之堤不断长高，督亢一点点放大成整个华夏，而后又快速缩小，飞入秦王的长袖中。荆轲知道这是生命的最后时刻，他背靠柱子箕踞而坐，支撑起残躯，靠在金丝楠巨柱上，大骂一声，如京剧的拖腔，绕梁不绝。他的额头亮晶晶的，回光返照，浑身不停冒着如珠如油的汗滴。荆轲觉得自己刺秦之行已尽兴，他下意识地飞出了匕首，无憾地完成了人生最后一个自选动作。黑黢黢的匕首在巨柱上停止了颤动，荆轲笑了。他依稀看见前朝的春秋五霸、屠夫白起，后世的腐儒董仲舒、掉光了胡子的司马迁，一个接一个从另一个世界轻飘飘地降临下来，共同凝成了一块无字碑。黑色、红色一点点沉淀下去，刹那间荆轲眼前清亮如晨曦。黄河九曲，大地百川，变得清晰如掌纹。百川投一海，海不藏一滴而自用。天不藏私，河清海晏。

这类表述其实是试图穿越时代，揭示内涵。

寻找文字与生命的契合点

在《逍遥游》课堂的尾声，我向学生传达自己从校园旁边真实生活场景中获得的美好体验，寻求古典与时代会心，试图用时代的特写镜头浸润感染学生的心灵：

下了晚修课，我出校门沿学校围墙外的大道漫步，市政花园草坪上飘来歌声，我隔着路定睛一看，是两对年青人。一男子在弹吉他演唱，另一男子和两女子在倾听，歌声轻缓抒情。20年前刀郎想来在新疆也是这么玩的，只是南方无雪，没有秋冬来得早与晚的感觉。几米远处停着两辆单车，看颜色知道是共享单车。共享是个好创意，有限的资源供大家共同逍遥游。

所有的教材文本，都可以看作一次情感或思想的体验。我赞赏梭罗对自然身体力行的审美实践，他独居瓦尔登湖，觅自然之乐，用体验寻求与生命、生活的契合。对教材、对课堂的解读亦应如此。好的语文教师会一生不断从事这件"其大无外，其小无内"的事业，与学生一道深究文本初心、自然本心，把文本还原成世界、时代和生活，以婴儿的目光审视教材中的每一篇人文经典，不依于旧说，不附于时俗。

具有深刻体验的人或许大多拙于言辞，但语文学科要求教师要尽可能地达于言辞，起码也要引领学生登堂入室。根据不同的文本内涵，我总是力图寻找不一样的思维、情感或审美体验——在教学参考资料中翻不到的那种体验，并与学生共同体验经典、生活、历史，我来引导，师生各言其志。课堂必须是"我们的"课堂，课堂上，我和学生都是舞者：舞蹈是我的、你的、个性的，叫课堂。我的课堂，就是我和学生共同的瓦尔登湖，三年一周期，微波白浪，四时不同；铁钉土豆，风车簸箕，那个能够体验、甘之如饴的守望者，叫梭罗；能够把此种精神迁之于课堂、不断求索的，是一生挽着汉字跳舞的语文教师。

（《中国教育报》2019 年 6 月 5 日第 10 版）

05 巧设音乐情境　塑造美好心灵

刘　姗

一

人
物
介
绍

一

　　刘姗，现任教于广东省佛山市南海区南海实验小学，音乐特级教师。从事音乐教育 33 年，注重用"文化"的方式教音乐，积极探索课堂教学改革，力争运用多种教学方法创设审美教学情境，提升学生艺术素养。近年来，其教学论文及教学案例多次获奖。她执教的《狮乡童谣》《彼得与狼》等课例曾获全国"一师一优课"一等奖、全国名师优质精品课一等奖。

为何音乐好听而音乐欣赏课难上

　　音乐新课标发布以后，小学音乐课开始呈现出多元化的态势，但是真正有效的课堂创新并不容易。作为音乐课类型之一的音乐欣赏课，是音乐教学中不可或缺的一项内容，它有助于扩大学生的视野，能提升学生的鉴赏力，但对于一般音乐教师来说，音乐欣赏课却有着更大的难度，在赛课、公开课等场合，选择上音乐欣赏课的教师少而又少。个中原因或许与当今少儿音乐教育面临的难题直接相关。下面我从三个方面进行一下具体分析。

　　其一，音乐欣赏课的教学设计容易出现偏差，缺少音乐特质。有些欣赏课从头到尾都是教师在讲述音乐知识，学生被动聆听，在这样的欣赏课上，学生很难真正听到、欣赏到音乐。

　　其二，没有有效处理好音乐难易程度与不同年龄段学生的关系。高低年级音乐欣赏课各有不同，在一些学校中，低年级的音乐欣赏课，教师怕学生听不懂、不愿听，往往都略过，而高年级的音乐欣赏课，教师怕学生没兴趣，往往也就放弃了。

其三，没有找到音乐教育的恰当方式。音乐欣赏课看似"无章法"，实则暗藏着非常多的"套路"。在设计教学环节时，教师需要考虑方方面面的因素，才能让学生既能欣赏音乐，又能在赏乐中创新。

一节好的音乐欣赏课，需要让学生在情境中赏乐，在赏乐中创新。我的音乐欣赏课，以小学生的好奇、好动、好问三个特点为基础，来设计每一个课堂环节，试图由此打造学生能够"欣赏美、表现美、创造美"的"三美"音乐课堂。

利用学生好奇心创设鲜活情境

在音乐课堂教学中，教师想方设法激发出学生的好奇心，学生才能积极、主动投入学习，展现自己的个性。首先，我觉得应当让学生感到"声临其境"。以《动物狂欢节》中的《引子和狮王进行曲》的欣赏课为例，这首西洋交响乐乐曲比较长，其音乐开端很有个性，学生很感兴趣，但是往往听到中间旋律时，有的人就开始"坐不住"了。所以我上课时，一开始就注意引导学生进入精心设计的场景：播放音乐后，用PPT把森林的画面展现出来，让学生们戴着专门设计的手偶和头饰，扮成各种动物，随着音乐的律动进入教室。这时展现在学生面前的是美丽、神奇的大森林，许多动物在迎接他们，还有漂亮的"蝴蝶姐姐"翩翩起舞，高唱着欢迎歌……

这时，我进一步引导学生听辨和模仿各种动物的叫声。在这个过程中，鼓励学生展开想象的翅膀，尝试用不同的声线来表示狮子的吼声，用不同的动作模仿狮子的形态。这样一来，学生很容易走进创设的情境中，耐心而又充满兴趣地听完全曲。

所以，想要让孩子们听完音乐，欣赏一段音乐，教师必须学会利用音乐来制造场景，利用他们的"好奇心"来改造一些比较平淡的环节。为让他们不失去兴趣，可以利用多媒体、游戏、服装头饰设计、室内灯光变化等手段来帮助他们进入情境，欣赏音乐有了好的开头，才能让一节音乐欣赏课接下来的环节顺利进行。

吸引更多学生积极参与课堂表演

音乐欣赏课的主体是学生。如果学生不能主动地动起来，那么这节欣赏课的设计就是失败的。在课堂中我喜欢设立小舞台，通过让学生积极参与音乐活动，使其增强对作品的理解、感知。

低年级的音乐欣赏课堂中，我记忆最深刻的是《三个和尚》一课。《三个和尚》是 20 世纪 80 年代初的动画片，它巧妙地借用"一个和尚挑水喝，两个和尚抬水喝，三个和尚没水喝"的民间谚语，在配乐中运用乐器音色变化刻画出"自私的高个子，纯纯的小个子，懒惰的大胖子"三个不同人物形象。利用低年级学生好动的特点，开始时我让学生听完音乐，直接表演三个和尚，每一次都是一大群孩子在胡乱比画，课堂变得闹哄哄的。

后来，我吸取教训，在欣赏音乐之前，设计了"三个和尚比一比"的小舞台活动，首先让一组学生一边聆听小和尚的主题旋律，一边用自己设计的动作来表演小和尚，另外两组学生聆听胖、瘦两个和尚的主题旋律，来表演胖、瘦两个和尚，我作为评委，评判谁演得最像。有了小舞台和评比，低年级的孩子更加有了兴趣，开始各种模仿和表演，他们憨态可掬的样子，十分可爱。这时有些孩子完全忽视了聆听和感受音乐中的形象，只是为了好玩而毫无章法地自行表演。针对这一现象，我及时分析谁表演得好，好在哪里，学生听完分析再次表演时，明显能感受到他们对音乐旋律的体会加深了。

在音乐欣赏课中，如果需要使学生进一步感受音乐的内涵，就需要不断加深他们对音乐的感受和理解。音乐小舞台不仅可以开发学生的创造性思维，还可以让学生在感受、表现音乐的基础上，积极参与、大胆想象、即兴表演。这样的音乐欣赏课，就不会停留在学生只是坐着听的教学陈规中。课堂上多设立一些可以参与表演的环节，非常受学生欢迎。尽管他们的舞蹈动作有时看起来笨拙稚嫩，队形也不是特别完美，但都真实地表达了他们自己对音乐的理解。

课堂对话激发学生思考力与创造力

在传统的音乐欣赏课中，很多时候都是教师提问，学生回答。但是现在越来越多的影视主题曲，作为教学素材出现在音乐欣赏课的教材里，这类作品如果还是按部就班地采用你问我答的方式，课堂难以取得最佳效果。

此时教师可以通过播放多媒体和讲电影故事等形式，给学生创设与乐曲故事对话的情境。

苏联作曲家普罗柯菲耶夫的交响乐童话《彼得与狼》，用各种乐器来演绎不同的动物与人物角色，栩栩如生。2006年，《彼得与狼》动画片诞生，也深受孩子喜爱。在执教这一欣赏课的时候，我把这首交响乐分成了几个片段，结合动画，给孩子们展示，每个片段都像"悬疑片"，没有结果。当音乐一停止，学生都按捺不住好奇心，想要知道结果是如何的，就开始发问："老师，鸭子最后到底有没有被大灰狼吃了呢？"这时，我就会引导学生根据描述鸭子的片段的旋律去想象结局，然后把结果说出来。表现鸭子旋律的器乐是双簧管，双簧管的音色低沉，这一段旋律节奏慢，有很多不和谐音出现，孩子们听到这段音乐就开始皱起眉头，旋律听起来并不欢快，看来鸭子的结局让人担忧。

在这节课中，我印象最深的是一名学生的提问。大多数学生听《彼得与狼》时，都批判饿狼的狡猾，赞扬彼得的勇敢和他保护小动物的行为。但是，音乐可以让每一个听众都有不同的感受。有一名学生在上课快结束时，问道："老师，我想问问，大灰狼最后的结局是怎样的呢？"我有些诧异，此前从没有学生提过这个问题，因为在乐曲中有描述猎人的乐段，还用定音鼓特意制造了枪声的效果，随着"砰砰"的枪声，大灰狼的结局可想而知了。这时，一名学生紧接着回答上面学生的提问："大灰狼肯定被猎人打死了，它吃了彼得的鸭子。"提问的学生眉头一皱，说道："老师，我觉得大灰狼不应该死，吃鸭子是它的天性，人类因为它的天性打死它，也是残忍的表现！"这个孩子的天真无邪、纯真善良瞬间感动了我！没想到一首交响乐，能带给学生如此不同的心灵感受。这时下课的铃声已经响起，我依然鼓励这名学生说："如果请你来做一次作曲家，你会如何处理这首交响曲的结局呢？"这名学生想了想说，可以用钢琴来表现最后的结尾，因为钢琴的音色清脆，他希望有一个欢快的结局。我接着追问："你心目中的旋律大致是什么样的？"这名学生居然唱起了《小红帽》的旋律，但是歌词已经完全改编了，改成了大灰狼被放生的结尾。

虽然这个旋律与这首交响乐不太匹配，但是我还是感动良久！因为这是学生对这首童话交响乐发自内心的真实诠释——这种再"创造"，不仅改写了结尾，也重塑了心灵。我觉得，这就是音乐欣赏课的初心：让孩子们全身心地融入音乐当中，学会欣赏音乐、理解音乐，进而热爱一切美好的事物。音乐能促进儿童感性和理性的平衡发展，少儿音乐教育是审美的过程，也是育人的过程，有助于使学生成为人格完善的人。

（《中国教育报》2019 年 6 月 12 日第 10 版）

06 语文教学怎样踏上语用的正道

赵长河

人物介绍

　　赵长河，中学语文特级教师，现任教于中国教科院丰台实验学校。曾任教于江苏省兴化中学、江苏省锡山高中、北京丰台二中等学校，提倡并践行语用式语文教学。在《语文建设》《中学语文教学》等报刊发表论文 80 余篇；参加和主持多项国家、省市教育科学规划课题，主编出版《过程互动式高中作文教程》。

　　语文核心素养中的"语言的建构和运用"，是"思维的发展和提升""审美的鉴赏和创造""文化的理解和传承"三者的基础。后三者，必须通过前者落实。而"语言的建构和运用"的重心在于"运用"，即语用。语用才是语文课程的本质特征，在课堂教学中教师应该扎扎实实地践行语用性教学原则。

　　语用性语文教学，主要以写作和口语表达活动来落实。如此表达，不是弱化语文教学中"读"的能力，也并非罔顾"读"的能力及要求，而是强调要通过书面"写"的活动或口头"说"的活动，呈现、落实和强化"读"的收获。

语用才是语文教学正道

　　整本书阅读教学中，小说《巴黎圣母院》以情节生动曲折取胜：以德报怨的爱斯梅拉达给曾经劫持她的卡西莫多喂水，卡西莫多最后把对自己有养育之恩却恶贯满盈的副主教克洛德推下钟楼。这样的情节，很适宜为刚完成《论语》整本书阅读的高二学生设置辩论活动。学生们在阅读原书和相关背景资料后，自行设置了一系列辩论题。主要包括以下话题：其一，爱斯梅拉达对卡西莫多是以德报怨，如果爱斯梅拉达有机会面对克洛德，她也会以德报怨吗？其二，卡西莫多为什么没有对副主教克洛德以德报怨？其三，对任何人都要以德报怨才是"善"吗？其四，日常生活或重大事件中，如何适切运用以德报怨的为人处世原则？确定这些题目之后，我提醒学生，在援引例证时应注意相关证据的时代性。

这种辩论能促进深度阅读。同时辩论需要有临场的、随机应变的"说"的能力，但这个"说"的能力，也需要建立在先行的"读写"基础上。这样的语用活动，促进了对中外文化中共同的"向善"文化的理解，也体现了语用活动追求培养"善的人"的境界。核心素养中"文化的理解和传承"，也只有在这样的自然生成的语用活动中，才能自然而不着痕迹地落实。

"打金句"与"泡金句"

每届高一学生一入学，我就根据高中学生重在逻辑抽象思维训练的目标定位，发起"打金句"和"泡金句"的语用活动。此处说的金句基本上属于那种表述哲理的警句——思想文化中的"金枝玉叶"，对于这些句子人们平时似乎只有顶礼膜拜的份儿。我们历届学生"玩"得风生水起的"打金句"语用活动，恰恰打的就是这些蕴藏了深刻思想的"金枝玉叶"。因为警句虽然是古今中外人类优秀思想和文化的结晶，但是警句的产生一定有上下文的语境限制，一定有特定的时空限制。离开了上下文和特定时空的限制，警句很可能就是谬误。

比如，面对"知识就是力量"这样的金句，我们借用图尔敏模型中的"限定"和"例外"的思考方法，很快就会发现"知识就是力量"这个警句的成立，是有限定条件的。什么样的知识？是发展的还是静止的？知识是用来干什么的？什么样的力量？是正能量还是负能量？再如"失败是成功之母"，又有哪几个角度能"打金句"？其实如何对待失败的态度，是决定失败能否成为成功之母的关键；面对失败，主观上不能反思和调整，失败便是失败之母；已然的失败，客观上可能已经造成了反败为胜的不可能性，从而导致失败是失败之母。

培养高中学生面对警句时的批判性思维，培养他们对蕴含在警句中文化的理解能力，是"打金句"和"泡金句"的语用活动的出发点。与"打金句"的冷眼观照不同，"泡金句"是对一时难以深度理解的警句，通过扩句等语用活动方式反复亲近，让学生在与金句的"耳鬓厮磨"中，逐渐加深理解。然后精心加以拓展，化开内敛的金句，呈现金句隐藏不露的深刻美。

例如我引导学生对法国狄德罗的金句进行"泡金句"练习。狄德罗说："知道事物应该是什么样，说明你是聪明的人；知道事物实际上是什么样，说明你是有经验的人；知道怎样使事物变得更好，说明你是有才能的人。"学生"泡金句"后的语段保留了原有的并列结构，并着重对"聪明""经验""才能"进行扩展。

这样富有创意的微型写作语用活动，因为可以日常化，而使得通过语用进行思维、文化和审美素养的培养得以日积月累地落实。

"动"起来促进学生多思考

每次教学北岛的《回答》一诗时，我通常先示范引导学生进行饱含情感的诵读，接下来为了促进学生的思考，我会这样给学生设置问题："卑鄙是卑鄙者的通行证，高尚是高尚者的墓志铭"是北岛的名句，其中有"卑鄙、卑鄙者、通行证、高尚、高尚者、墓志铭"6个关键词，请你凭借自己的阅读积累、生活感悟和对理想社会的构想，重新排序，组合出另有含义的若干句子，并选择其中三个句子，分别扩展成三则每篇 200 字左右的议论短文。

学生的答案精彩纷呈："卑鄙是卑鄙者的墓志铭，高尚是高尚者的通行证"，当然是社会理想；"卑鄙是高尚者的墓志铭，高尚是卑鄙者的通行证"，一度是黑白颠倒年代的写照。高尚是卑鄙者的墓志铭，古今中外有多少像康生这样隐藏极深的卑鄙野心家，死后一度极尽哀荣；卑鄙是高尚者的通行证，不正之风肆虐的时期，个人品质高尚者为了能够达到为大众办实事办好事的目的，有时竟然要被迫采用流行的"卑鄙"手段，迎合潜规则；而"高尚是高尚者的墓志铭"，这样的盖棺论定才是真实的历史书写。学生组合、重写出的主要句子，其中都有自己的思考。

此处，通过概念重组、句子重写的新颖立意以及相应的论据收集和论证展开的语用活动，核心素养中的"语言的建构和运用"，往批判性思维的方向深度地"动"了起来。这样朝向思维方向的"动"，体现了语用活动追求培养"真的人"的境界。根据美国的一项元分析实验研究，围绕文本的言说不仅能促进阅读理解，而且还能促进有关文章内容方面的学习，甚至有助于促进学生的研究能力。

古典诗文也要"用"起来

古典诗文的美，往往是积累不够的高中学生一时半会儿难以深刻体味的。此时，创设"活"的语用情境，让语用往审美方向"动"起来，才有可能促进"审美的鉴赏和创造"这个核心素养的养成，也可以使我们的语用性语文臻于培养"美的人"的境界。

对于古典诗词，我们经常采用的语用活动是散文化改写。作家李元洛、曾冬、楚楚、安意如等优秀的散文化改写，值得中学生作为范本学习。在此基础上，我们还可引领学生进入到叶嘉莹深刻而又亲切的古诗词鉴赏文字中。我们创设的语用活动，还包括"听"，如康震的古诗词鉴赏音频课，可以布置给学生利用空隙时间随时听。

　　作为中学生"三怕"之一的文言文，可以通过浅易文言写作的语用活动，激发他们学习文言的兴趣，消除他们面对文言的畏惧之心，锻炼他们读写文言的能力。我经常印发给学生一些当代的充满正能量的网络文言写作，如《傅园慧传》。每届学生，我都给他们设置浅易文言写作的语用活动，如"班级人物小传""热点时事叙事""书房宿舍命名说"等。

　　多年的语文教学经验让我有这样的感悟：语文教学目标，无论是听说读写，还是思维、文化、审美，抑或是语文学习重难点的突破，只有通过创设"活"的语用情境，使课堂教学中的语用活动朝思维、文化和审美的方向"动"起来，才能真正实现。

（《中国教育报》2019 年 9 月 4 日第 10 版）

07 物理教学如何激发学生创新潜能

钱永昌

人物介绍

钱永昌，福建省特级教师，中学物理正高级教师，现任教于厦门外国语学校，入选第四批国家"万人计划"教学名师。主持的"以创新实验和创客活动为载体，培育学生创新素养的实践研究"项目获国家级基础教育教学成果奖二等奖、福建省特等奖。曾多次获全国教学比赛一等奖。发表及获奖论文40余篇。曾获福建省中学物理学科带头人、厦门市杰出教师、厦门市优秀教师等荣誉称号。

时下中学物理课堂存在着机械灌输、题海战术等不良倾向，很多教师的课堂教学缺乏生活气息，学生自主活动很少，致使学生不会活学活用，最终培养出的学生不会反思，不懂质疑，更无从谈创新。为克服这些不良倾向，我在物理教学中开展项目化学习，让学生围绕项目活动，解决真实问题，在应用物理知识和解决问题中建构物理核心概念，提升学科核心素养。

以项目化学习为切入点，培养学生的创新精神

在"合理利用机械能"相关教学中，我设置了三个项目制作活动——自制蹦床、乐高投石机、不用电的小车，让学生分组合作完成并开展投掷比赛和小车赛跑活动，从而检测作品的质量和效果。在作品制作过程中，学生要应用问题解决、实验、测试、系统分析等高阶认知策略，方能达到项目

要求。学生还可以在项目展示和反思中通过对比、分析等感悟到动能、势能的因素以及它们之间相互转化的规律。

项目化学习使教师的关注点从"怎样教"转变为引导学生"如何学"上，教师的主要精力从知识的讲解转到项目学习的设计上，利用高阶学习带动低阶学习，让学生对学习的意义和价值有更深的认识。在项目化学习中，用富有挑战的问题营造高阶思维的情境，学生从一开始就很清楚所学的知识是用来做什么的，具体的知识和技能都被问题结构化、组织化在其中。这种组织知识的方式会对学生的学习动力产生极大的影响。在项目化学习过程中，学生的学习更加积极主动。项目化学习奠定了学生心智自由的基础。

中学物理课堂中有很多"小制作"，如土电话、小孔成像仪、不倒翁、浮沉子、电动机等，都蕴藏丰富的物理核心知识，可以作为项目化学习的设计素材，学生在制作和改进过程中可以将学习素养转化为持续的创新实践。

开展创新实践还要依托各种展示平台，让学生有机会充分展示，自主发展。学校一年一度的科技节是学生"脑力竞技运动会"，为孩子们提供展示科技才华的平台。我还鼓励学生参加全国青少年科技创新大赛、全国发明展、"明天小小科学家"等各种各样的科技创新竞技活动，让学生通过展示交流，得到评委的鼓励和帮助，发现自己的差距和不足，锻炼自己的综合素质。

教师身体力行，引导学生的创新兴趣

在物理学习中，只有教师成为身体力行的创新示范者，学生创新的火苗才会被点燃。在教学中，我经常会遇到实验器材操作不方便、实验演示效果不理想、实验器材缺乏等问题。针对这些问题我自己动手对实验器材进行改进，不仅取得了良好的课堂教学效果，还让师生的创新成为学校的风尚，现在学校累计申请获批专利76项，并在国内外青少年科技创新大赛、发明比赛上频频获奖。

例如，在教学中我发现，原有的反射式色光混合演示器很难准确调整三原色的比例，混合后的颜色经常变为灰色，而另外一种透射式色光混合演示器，可使三色光直接照到光屏上进行混合，但又存在不能连续调节并混合出特定颜色且耗能大、结构复杂等问题。这些缺憾激发了我改进实验设施的欲望。我和学生找来红、绿、蓝三色"食人鱼"LED灯作为光源，将它们排列成"品"字形，并设计分压式光源驱动电路，调节电阻时，色光的强弱会变化，混合光的颜色也会随之发生变化。三色光通过各自光栏发出的光束在空间的分布是呈圆锥形的，调节内筒的光屏到光源的距离使其从近到远逐渐改变时，单色圆形光斑的半径会逐渐变大并部分重叠，交集处会从双色混合直到三色混合，可以很容易地获得包括白色在内的任何色光。学生和我一起设计改造这个实验器材时兴致非常高，该项目还申请了实用型专利。

激发学生自主创新的兴趣无法一蹴而就，需要多种办法跟进。除了教师引领示范外，我还改进了评价机制，采用教师示范、学生跟进的策略推进"创新实验"。实践中我不仅打破了课内课外的界限，还整合了校内校外的资源：学生可利用课外时间开展创新作品研究与制作，在课内展示交流；在物理课上学习基本原理和方法，到广阔的社会大舞台寻找实践与应用的天地；在实验室开展探究，设计各种简易电动机，感悟磁场对电流的作用以及物理的神奇；到运动场上开发可调节训练难度的引体向上装置；到科研院所中开展风洞实验。

学生们刚开始研究时，如蹒跚学步的婴孩，会出现各种问题：创新作品较为粗糙，研究报告的格式不够规范，文字表述不够严谨，实验设计存在瑕疵，推理过程前后矛盾，等等。这时教师不要一味指责和批评学生。教师应找到学生作品的闪光点加以鼓励和表扬，让他们发现自己研究的价值，保持继续研究的热情。在表扬之余当然也要委婉地指出他们的不足，不过提建议时口气要尽量和蔼，不要泼冷水，而要点燃他们的创新激情。其实学生们的创新兴趣恰似襁褓中的婴儿，需要教师精心呵护与包容。

当然，比赛获奖不是开展创新活动的唯一目的。我希望学生们通过研究，找到发现的乐趣，感受攻克科学难题带来的成就感，使他们把研究当作求得知识的一种手段，当作探索未知世界和满足好奇心的一种方法。因此研究过程和比赛过程中，摒弃功利，保持自然的参赛心态十分重要。我的学生在丘成桐中学生物理竞赛的前一天晚上还赶到中科院去聆听诺贝尔物理学奖获得者戴维·格罗斯的高端讲座，并在会上主动提问交流。这是一种境界，更是优秀学生的特质。

"养志"，为学生创新注入持续动力

伟大的创新需要经历无数次失败和挫折，需要坚定的理想信念支撑。因此，培养学生的创新素养，首先要"养志"，通过课堂内外的活动，让学生树立科学志向，再引导学生开阔视野、亲身体验；其次，要因材施教，我们为普通学生开展科普活动、宣传竞赛知识，对天资较高、对科学有浓厚兴趣的学生予以重点培养。

要培养国家栋梁式创新型人才，一定离不开科学报国的宏伟志向。学生前来参加创新活动，我首先提的问题是：你为什么要参加创新活动？这个问题看似简单，其实动机决定行动，没有远大的目标，创新很难有可持续性的动力。选择参与创新活动，虽然长远来看，对学生的核心素养发展十分有利，可是短期来看也会遇到这样那样的挫折，有时还会经历很多次的失败，功利心太重的学生，往往浅尝辄止，无法坚持。如获得全国青少年科技创新大赛一等奖、科协主席奖、"明天小小科学家"一等奖、英特尔国际科学与工程大奖赛30米望远镜专项奖二等奖的陈姚佳就是通过青少年科技创新大赛逐渐成长起来的创新达人。她在厦门外国语学校先后参加了三次青少年科技创新大赛。第一次参赛，作品"多功能便携式充电与照明装置"顺利通过层层选拔，获得了全国青少年创新大赛二等奖，但第二年"人体接通电话实验探究"却止步于福建省三等奖，连参加全国赛的资格都没有。到了高二，她又满腔热情地投入到"激光束照射镜面圆柱的研究及应用"的研究中。其实，经历挫折对学生来说并非坏事，像陈姚佳一样，只要认真总结经验教训，就会获得更大的成功。她研究得更加深入，用了近一年时间，研制出一种可准确控制离心率的光学圆锥曲线演示仪。更可贵的是，她没有止步于此，开始逆向思考，最终发明出一种可以在线快速定量检测圆柱表面粗糙度的仪器，并申报了多项国家发明专利。

有科学志向的学生才会有不竭的动力。我指导的获得首届丘成桐中学生物理竞赛金奖的学生陈锴杰的理想是当一名像爱因斯坦一样的物理学家。他现在是美国杜克大学的学生，研究领域为人工智能。另一名学生赖文昕也是一名有理想和抱负的学生，他现在北京大学物理系就读。初中阶段他就开始通过网络自学麻省理工学院教授的课程。有了远大的理想，孩子们就不会因为一些小挫折而抱怨或萎靡不振，而能坚持广泛地涉猎科学知识，不断提升自己的科学素养，他们的潜能也能逐渐被挖掘出来，进而实现主动发展，从"小制作"走向"大发明"。

（《中国教育报》2019 年 11 月 20 日第 9 版）

08 整体化教学：课堂直指学生思维发展

邢成云

—人物介绍—

邢成云，山东省数学特级教师，现任教于山东省北镇中学，第四批国家"万人计划"教学名师，曾荣获齐鲁名师、山东省优秀教师、山东省师德标兵、山东省教学能手等称号。在全国中文核心期刊及专业重点期刊发表教研论文180多篇，两次获得山东省省级教学成果奖。

从教30年来，我一直致力于整体教学的构建。最早受孙维刚老师的6年大循环的启示，做出了自己初步的设想，把初中三年内容统摄起来，实施整体化教学。近年来在课堂实践与教学研究的不断对接、反复求证中，提出了"整体统摄·快慢相谐"的整体化教学主张，也取得了较好的教学效果。

整体统摄，教学结构变革促进学生智能发展

整体—部分—整体是人类认知的基本规律。只有立足整体去设计课堂教学，在整个初中课程的长轴上去思考每一节课，才能确保教学的前后一致与逻辑关联；只有注重对知识的集约化处理，纵横联系，才能发挥系统的功能。有整体才有力量，孤立零碎、缺失联系的知识，犹如一盘散沙，难以成形，无以发力。整体统摄建立在教材的统整之上，

这种统整不是部分的叠加，而是吃透教材后的重组与融合，以形成相对稳定的具有强迁移力的知识组块——整体结构。整体统摄，可以助推学生站在通观全局的制高点上，统摄对知识的全景认识，统观知识的来龙去脉。

以人教版八年级上册第十二章"全等三角形"一章的教学为例，我通过研究它的前后关联及统领性，把这一章教材预设的 16 个课时统整成 9 个课时：第一课时（整体构建新授课）认识全等三角形及各类判定方法；第二与第三课时（训练提升课）针对四类全等三角形的判定方法进行训练；第四课时（深度探研课）研究特殊三角形的判定方法；第五课时（深度探研课）研究角平分线的性质；第六课时（活动课）用全等三角形研究筝形；第七课时（统摄复习课）小结与复习；第八课时（反馈课）分层考查；第九课时（矫正课）分步达标。教材的第一节和第二节原本共 8 个课时，我把它们整合成 4 个课时，其中用第一课时把整个章节统领起来，学生通过几何直觉，观察我给出的 12 个几何图形。我引导学生从几何的研究对象（形状、大小两个维度）出发去观察。学生发现，这些图形可分成三类：第一类形状、大小均一样；第二类形状一样但大小不一；第三类形状、大小均不同。这样就将全等形以及后续的相似形给揭示了出来，让学生见识了全等与相似变换的全貌，然后聚焦到三角形这一最简单却又最重要的封闭图形上来，遵循特殊到一般的认知规律，自然先研究全等三角形，沿着一组元素、两组元素、三组元素的轨道拾级而上，探寻出全等三角形的四个判定方法（SSS、SAS、ASA、AAS）。这样学生就把一般三角形的全等判定"一网收尽"，接下来再进行两个课时的训练，四轮实验成效明显。这样实施教学后，打破了原有的一法一例一练的模式，变为方法集体出场，给了学生广阔的探索与思考空间，有效地消除了学生原来不假思索直接套用例题的弊端，既发展了思维，又节省了课时。

快慢相谐，由点到面提升学生学科素养

教材统整之下，带来的往往是一种快速推进。这个"快"并非刻意追求速度，而是立足学生的最近发展区，同时又是基于逻辑建构、整体推进内需而生发的快。快主要体现在单元（或章）起始等整体建构课上。我根据每一章在每一个领域的位置不同，把各章起始课分成了三类：领域（大单元）起始课、沿途起始课和终端起始课。

领域起始课。有的章节是一个新的知识体系的开端，而每一知识体系都有其发展的整体脉络。因此这类章起始课的教学除了统领这一章外，还有种下整个领域种子的隐性"义务"，对本领域的其他章起始课应有结构统领的功用，或展示其知识体系发展的大背景，或体现本章学习的大目标、大思路，或突出本章知识体系的大框架。如初中学段一元一次方程就是方程体系的起始，我在教学中，首先通过创设列算式难而列方程易的实际问题，用难易反差制造认知冲突，吊起学生倾向列方程解决问题的胃口，把学生拉到方程阵营中来，然后有意识地设置情境列方程，列完后启迪学生尝试分类，形成有理方程的整体框架，而后提出问题。从算式到方程，算式直接获得了问题的答案，而方程不是，怎么办？我通常由此引出学生心中有关方程的问题，接着以一个一元一次方程为例，提出解方程首先需要研究等式性质。如此，方程的研究思路就呈现出来了。

沿途起始课。有的章处于它所在知识领域的中间位置，往往已经有了领域起始课的统领，也就是说已经把这个领域的种子种下了，后继的章起始课常常就是靠这个生长点的自然延伸、发展，抑或类比之前学过的章节进行学习，这类起始课比较容易实施。如四边形可以类比三角形教学，二次函数可以类比一次函数教学等。

终端起始课。有的章处于教学系统的收口位置，除了有统摄本章的作用外，它还肩负着前衔后含的重任，需要在结构上梳理好之前的整体脉

络，而成为浑然一体的数学知识结构，让系统的大网张得开而又收得拢，有效规避碎片化、断裂式的教学方式，彰显教学的前后一致与逻辑连贯。

以"想"作舟，引导学生畅游思维长河

教学中快与慢是辩证统一的关系，若一味为快而快，势必偏颇，"积极前进"之下还要"循环上升"，快慢联袂才是王道。慢之于教育是生命成长的实然所需，是贯穿于教育教学实践之中的应然追求。此"慢"也并非传统意义上的刻意求慢，而是基于对核心知识的深度体验，进行潜移默化的濡染与渗透。也就是说，慢不是目的，而是通过放慢脚步，拉长思维过程，把发现的机会、锻炼的机会让给学生，让学生有平台展现自我，让核心知识浸透学生心田，让学生在思维慢镜头中去感知、体验，以促进他们对知识的深层理解及知识的有效内化。说到底，慢其实是为了更好更快。这种快与慢的和谐，主要体现在深度探索研究课与一题一课等训练提升课上。

教学中"慢化"有几条策略：在数学知识教学中，激发认知需要，让学习兴趣自然发生；降低认知起点，慢中求真；拉长认知过程，慢中求实；拓宽认知渠道，慢中求透；挑起认知交锋，慢中求活。在数学习题教学中，慢化的策略有：一题作基演变，慢中明道；开放问题思路，慢中优术。

除了掌控课堂进程，最终教学应指向发展学生思维能力。教学上我经常运用"回想、联想、猜想"等方式启发学生，打造出了思维味道浓郁的个性课堂。一些教师在数学公开课展示时，非常出彩。其实这些教师往往是把加工后的美妙解法展现给学生，学生除了惊叹老师的高明外，面对类似问题仍找不到思路，原因是学生不会思考。

我在处理较难的问题时，通常引导学生和我一起思考，我也勇于与学生一起零起点解题——师生一起面对没有事先准备好的问题，我自己称之

为"裸解"题目。其实只有这样解题，才能让学生见到教师解题的真实面目，能让学生体验到教师面对阻力时如何左冲右突，如何峰回路转，如何磕磕绊绊，最后如何实现"突围"。也有深陷难题而不能自拔之时，在与学生的对话中相互启迪，最终寻到思路摆脱困境。总而言之，要把解题的真实过程完全呈现给学生，让学生知晓老师解题同样也会遭遇困厄，老师遇到困厄时是如何应对的，这样，既给了学生解题的自信，也引导学生触摸到老师的破题之策。久而久之，学生自然会学会思考，提升思维能力也不再只是一句空话。

（《中国教育报》2019 年 12 月 11 日第 10 版）

09 思维品质培养　融入灵动课堂

吕娟娟

人物介绍

吕娟娟，英语特级教师。现任教于黑龙江省大庆实验中学，国家"万人计划"教学名师。曾先后荣获全国先进工作者（劳动模范）、国务院政府特殊津贴专家、省劳动模范、省政府特殊津贴专家、省教学名师、省师德先进个人等荣誉称号。主持完成多项国家、省级课题，教学成果《高中英语五种课型教学模式建构与实践创新》荣获基础教育国家级教学成果二等奖。出版教学专著 1 部，主编教学论著、教材 11 部。

此次高中英语课标修订进一步重申了文化意识、思维品质方面的目标，要求通过语言、思维与文化相结合的活动使学生能对事物做出正确的价值判断，真正实现深度学习。这也是我近年来一直思考的问题。此前，曾在媒体上看到一些质疑的观点：中国学生从小学到大学都在学英语，但是很多人成年后并没有从事与英语相关的工作，学校中得来的英语知识也所剩无几，那么，学习英语有什么用呢？

语言是文化的载体，也是思维的工具。学生在获得语言和技能的同时，更重要的是丰富了文化体验、促进了思维发展，将文化知识内化为具有正确价值取向的认知、行为和品格。但在具体教学中，很多教师认为文化意识和思维品质只是一个概念，觉得很难将之融进教学。我在教学中探索和力求实现的是：通过适当方式将思维品质融入英语学科教学，进而使学生在学习语言知识的同时体会文化意识。

优化教学策略，实现育人目标

学生英语语言能力培养主要通过听说读写来实现。为实现对学生不同能力的培养，围绕同一模块教学主题，我建构了词汇、阅读、语法、听说、写作五种课型的教学策略，并针对每一课型不同的育人目标，设计了各具特色的课堂系列活动。

交互补偿阅读教学。通过读前热身，激发兴趣，导入话题；通过读中信息的输入技能训练，由表层理解到深层理解，再到评价性理解；通过读后信息的输出检查反馈，实践运用。将表层、深层和评价性理解相结合，培养学生多元思维和批判性思维。

任务型词汇教学。在任务前设置语境，由呈现词义到感知、理解词汇；任务中检查理解，由自主体验到理解记忆、处理重点；任务后运用检测，由巩固运用到检测评价。通过导入相关的文化内容，在自主与合作学习中培养语言能力和文化品格。

归纳与演绎语法教学。采用任务前导入，介绍话题，导入语法目标；任务中发现归纳，从呈现结构到归纳结构；任务后巩固运用，由结构巩固到运用检测。增强教学的综合性、关联性和实践性，提高学用能力。

交互听说教学。建立听说结合的教学体系，听前热身准备，导入主题，预测信息；听中文本输入，技能训练，由泛听到选择性听，再到精听；听后语言输出。语言实践由机械模仿，到半机械性训练，再到真实语境下语言运用，达到信息技术与教学深度融合。

体裁法过程写作教学。写前信息输入，话题导入，范文阅读，范文分析；写中信息输出，构思，写提纲，起草，成文；写后修改评价，由学生自改互改，到讲评归纳，再到小组评价。关注学生认知发展和语言习得过程；突出语篇图式建构；多元评价促进学生实践创新，提高学习能力。

以外研版《我的新教师》阅读课为例：

阅读中，首先将表层理解与语言知识教学相结合。运用略读、查读策略获取语篇大意及三位教师的个性特征、教学风格、受喜爱度等特定信息，并摘录描述人物的词语、语言结构，为深层理解清除语言障碍，也为读后运用提供语言支撑。然后，将深层理解与文体结构分析相结合。采用详读、推测读和概读策略，提出较深层次的问题：为什么不是所有的学生都喜欢陈夫人？引导学生理解事实与观点之间的联系，揣摩作者态度，探索文本主题。再次提问：文章的写作风格是什么样的？怎样去描写一个人？引领学生关注句、段间的逻辑关系，探究语篇文体结构、写作手法，为评价性理解提供依据。最后，将评价性理解与语言运用相结合。采用评读策略，小组讨论以下问题：你最喜欢哪一种类型的教师？为什么？学生结合自身经历、知识，评价作者观点并阐述自己的观点。小组活动有助于学生优势互补、思维碰撞。讨论中，学生利用所获取的信息分析解决问题，能提高他们的评价、思辨能力和语言交际能力。

阅读后设计巩固和拓展性活动，投放本班任课教师的照片，提出任务——描写一位你的老师，并建议：注意人物的描写方式；尽量使用本课所学的语言表达形式。看到任课教师们的照片，学生们格外兴奋，踊跃描述他们喜爱的老师，将课上所学的知识自然地迁移到真实的生活情境中。在此基础上，设计开放性话题，鼓励学生对师生关系这一热点话题深入思考，并反思自己的行为：为建立良好的师生关系，我们该做些什么？这些活动能促进学生的语言拓展、知识迁移，同时有助于培养他们的批判性思维。

开发课程资源，增强文化体验

在互联网飞速发展的今天，"美师优课""希沃白板"等教学软件或技术让教师开发、使用课程资源比以往更为便利。我根据学生情况和教学实际，精心筛选，将下面三种资源引入课堂——网络、英语时事杂志中的文本材料，英文电影、纪录片、系列动画片等视频材料，英文歌曲、广播等音频材料，力争让学生感受原汁原味的语言和文化，增加学生的文化体验。

在学习"新闻和杂志"话题时，利用网络和报纸杂志，呈现新闻热点，既真实，又有强烈的新鲜感、实效性，如2012年12月14日（当地时间）发生在美国的校园枪击事件；学习"体育名人"话题时，节选美国媒体对姚明、郎平等体育名人的报道。

在学习课文《影评:〈卧虎藏龙〉》时，编辑了该电影的精彩片段；学习课文《导演斯皮尔伯格》时，播放了他的代表作《拯救大兵瑞恩》片段；学习"外国饮食文化"话题时，播放电影《公主日记》片段，引发学生对餐桌礼仪的兴趣；在"自然界的暴力"模块学习中，播放火山喷发、飓风、龙卷风等自然灾害的视频；学习"未来的生活"话题时，播放展示未来奇特房屋的视频——墙壁能够自由翻转，楼梯倾斜程度可调整以方便上楼梯的人。

教学"音乐"话题时，播放中外著名作曲家、指挥家或歌唱家们不同类型、不同乐器和不同风格的作品，带领学生欣赏音乐的同时感受文化；教授定语从句时，播放英文歌曲《她》，学生在欣赏音乐的同时，找出其中的定语从句，感受定语从句的无处不在。

充分利用和开发音像、网络、报纸杂志等课程资源，为学生补充略高于他们现有实际水平的原材料，能够更好地开阔学生视野，借助丰富的人类文化精品滋养学生的心灵，进而拓展学生的思维空间。

创设第二课堂，丰富语言实践

语言的学习重在应用，我一直努力为学生创设英语学习的语言环境，让学生能够自然地融入其中，学以致用。担任教研组长近20年来，我带领团队组织开展了各种活动，努力为学生创造英语环境下的班级、校园文化氛围。

我们组织创办了各类丰富多彩的英语活动："英语沙龙"，由班级轮流主办，任课教师负责指导、协调；英语演讲比赛、辩论赛，选取学生生活中的热点话题，选手首先由班级、年级层层选拔，然后举办学校大赛；"英语新闻播报"，每天利用电子大屏幕播报国内外及校内最新动态；"英文电影赏析"，利用晚休时间在学校多功能厅播放英文原版电影；创办英文报纸《实验时报》，由教师和学生投稿，深受广大师生喜爱，并曾设立实验基金，向家庭经济困难学生献爱心；学生社团"模拟联合国"进行的英语辩论活动，还受到来访的美国教育专家的好评。

每当教材中有可利用的题材，我们就鼓励学生改编成戏剧，年级组织课本剧比赛，其中以"西方节日"为主题的《圣诞欢歌》反响最为热烈。节目都是由学生自编、自导、自演，通过歌曲、戏剧、朗诵等形式介绍圣诞节的来历，庆祝圣诞节的方式，圣诞老人、圣诞树在圣诞节中的作用等。这项活动使学生从文化角度理解西方节日，提高了学习的兴趣。

事实证明，只要教师以核心素养建构课程，丰富课程资源，营造文化氛围，促进语言实践，就一定能够使学生在获得语言和技能的同时，增强文化意识，提升思维品质。

（《中国教育报》2020 年 1 月 22 日第 4 版）

10 理想课堂：寻找共鸣与拓展

张 悦

人物介绍

张悦，浙江省语文特级教师，国家"万人计划"教学名师，哲学博士。现为宁波效实中学副校长，享受国务院政府特殊津贴专家，曾获全国五一劳动奖章、浙江省劳动模范、全国优秀语文教师等荣誉称号，以及"语文报杯"全国中青年语文教学课堂教学大赛金奖。致力于"知识、生活与生命共鸣"理想课堂的实践研究，专著有《知识、生活与生命的共鸣》《新教育语文课堂：哲学的解释》等，近百篇研究论文发表于核心期刊或学术杂志。

什么是理想课堂的关键因素？朱永新教授认为，理想课堂达成需要知识、生活与师生生命的深刻共鸣。而我，一直走在寻找理想课堂的路上。在我看来，好的课堂教学，总是"酝酿"着美丽的相遇。如同茶道的"一期一会"，它蔓延着知识的茎须、摇曳着生活的花影、洋溢着生命的激情，师生在课堂中一路相伴随行。

语文：与未来人生的意义关联

好的课堂教学如何启发学生思考人生？先从一个课堂教学实例说起。学习《师说》时，课堂上有学生这样提问：短短几百字，为何能穿越时空、经历岁月淘洗，成为当下语文课程不能忽略的学习内容？小组讨论中学生达成共识：《师说》解答了当时社会（尤其是士大夫之族）"求师"与"为师"的困惑，文中的知识观、师生观对倡导学习型社会的今天具有深远现实意义；韩愈倡导的古文运动，对东汉以来逐渐形成以至鼎盛的骈文的形式主义进行批评，强调了文以载道的传统。

我觉得，韩愈的影响远胜于此。《师说》可以看作是从韩愈生命里"流淌"出来的作品，如何引导学生往《师说》的纵深之处再走一步，如何让韩愈的人生故事启迪学生的未来人生呢？我设计了课后作业：韩愈生活史（写作《师说》前后）研究。学生查阅了韩愈创作《师说》前后大量的文献资料，并从丰富的资料中整合了很多之前全然不知的真实素材：韩愈先任国子监四门博士，是一位学术卓然的教书先生；韩愈升任监察御史，是一位以命相搏的万民好官；韩愈被贬为阳山县令，是一位心系家国的眷眷士子……创作《师说》前后的韩愈，正经历着人生的跌宕，他以立德、立功、立言为人生圭臬，虽然历经坎坷却从未放下自己的担当与使命。学生说，原以为《师说》就是意义世界的全部，没有想到的是，《师说》只是意义世界的冰山一角，《师说》成为经典还有一个更为深刻的原因，那就是《师说》背后站立的大写的人。

学习就是这样一场意义搅拌的过程。当学生从《师说》中看到作品与人生隐秘而真切的联系之后，我又跟进提出一个问题：创作《师说》时的韩愈大约35岁，试想，35岁的你会是怎样的呢？学生们争先发言："我会是一个律师，我会永远站在正义这边""我想我应该已经成家立业，我不一定是人生赢家，但我一定不负年华""我希望自己是一个媒体从业人员，以自己的笔，传递时代强音"……

教学永远联系着学生的未来人生。我所理解的理想课堂，永不放下语文课程在"成人"方面的社会担当。若我们只是在文字、文章、文学的格局里兜兜转转，也许永远也跳不出知识学习的"深坑"，至多只是知识学习的"平面的滑行"而已。

文本：历史在场与现实观照

语文教材中的《长亭送别》是元代杂剧《西厢记》里非常重要的一折，但实际教学遇到了瓶颈，因为学生与之"相距甚远"。如何唤醒学生的阅读体验，点燃阅读的"生长点"呢？反复斟酌文本，我觉得打开阅读通道的密钥一定藏在文本里。《长亭送别》整折戏都是崔莺莺的唱词，但又是非常独特的唱词——女主人公是含着眼泪唱的。我设计了课堂学习的探究型小课题"泪光盈盈处的离愁别绪"，通过品读眼泪，走进崔莺莺的内心世界，了解崔莺莺送别张珙时复杂的心绪，以期让崔莺莺的眼泪成为教学意义的引爆点。我觉得，文本是自在、自洽的，它有自我运行的规律与独特性，朝向文本的我们，只有"入得其里"深味其意，方能"出得其外"获其启迪。

在一节借班教学公开课上，课堂讨论氛围热烈，话题正往深处"潜行"。这时我看到一个男生高高举起了手，让我没有想到的是，他的发言"投掷"了一块出人意料的"石头"："张老师，崔莺莺有什么好哭的？张珙去考状元，又不是不回来了。哭就哭呗，您说要花一节课时间研究崔莺莺的眼泪，我觉得没有意义。"这块"石头"瞬间"敲醒"了我——学生们生活在现代文明社会，享受着科技迅速发展带来的出行和沟通便利，的确无法深入理解崔莺莺为什么会有这么低的泪点，至于崔莺莺在送别宴会上从头哭到尾更是令人费解。

有关"有什么好哭的"的问题，学生讨论之热烈也在我意料之外：文本还原了历史场景，是小农社会、农耕时代社会生活图景的真实再现；在交通、沟通都不便捷的时代，人们是将"生离"等同于"死别"的。此外，崔莺莺的担忧不仅仅限于常人的"生离死别"，还有特殊情境中的特殊原因：张珙考中状元，也许会"一去不返"，皇帝或许会招他为驸马，高门贵族也有可能招婿；若是考不中状元，张珙或许也会"一去不返"，留在京城"上复读班""死磕"到底。这正是"中"亦忧,"不中"亦忧啊!

那节课生成了新的学习内容:文本的历史与生活的真实情境会有逆差。如果崔莺莺生活在当下,她还会不会泪流满面?学生善于从自我生活经验出发观照文本,但文本是历史的产物,它属于自己的时代,学生应走进文本现场,贴近文本阐释意义;当然,优质文本能够超越时代,这是因为文本又提供了"有意义的巧合",也就是共时性价值——《长亭送别》中的追求自由爱情是历史与现实都认可的审美情怀。

走进文本深处,走进的是文化历史之场,聆听的是历史与现实清音和鸣的旋律。我所理解的理想语文课堂,知识总是可以和学生的思想良性互动,即便相隔遥远,教师也要和学生一起去找寻那扇"门",找到打开门的那把"钥匙"。

实践:学习方式的延伸与改变

语文课程具有实践性。依托语文综合实践课程,组织语言实践活动,是培养学生语言文字运用能力的有效策略,能促成学生学习方式的改变。我在日常语文教学中,形成了相对完整的系列综合实践课程,经过五届学生的实践尝试,课程价值基本得到实现,促进了学生语文素养的全面提升。

我们的综合语言实践活动通常从青春读诗会开始。每一届学生在读诗会的活动中,以课程内容为核心,以共同体研习为方法,以成果展示进行共享。每一期读诗会,都由学生自选篇目、自配音乐,从主持到音效、灯光、舞美设计,全部由学生自主完成,迄今学生已朗诵近两百首诗歌。诗歌之美,流淌在音韵节奏里,诗歌是听的艺术。这些诗歌,穿行在岁月的阳光中,也沉淀在学生的高中记忆里,诗歌里流淌的优美质感,将永远定格在青春时光里,因为,青春读诗会链接的正是学生最美好的年华。

除了青春读诗会，我们还组织了名著阅读报告会、班级"1对1"辩论、戏剧写作与表演、"走近甬籍文化名人"等综合实践活动，这些活动贯穿了学生高中语文学习生活的整个过程。学生共读的书、研讨的辩论题、自制的道具，他们的活动感言、舞台脚本、评委记录单，他们的活动照片、影像资料、花絮素材，他们专注的眼神、头碰头的对话、手把手的互学互教，都被收藏在我教书生涯的"宝匣"里，每每打开，清芬盈面，如鲜花满树，弥足珍贵。记得一次学生们利用五一节假期去杭州采访甬籍著名音乐家周大风，而今，周大风先生已驾鹤西去，而《采茶舞曲》的优美旋律依旧在全球华人世界里久久飘荡。学生们留下的文字资料、照片、录音，还有一组采访手记，都成为研究周大风先生珍贵的历史资料。在一篇相关的随感中，学生写道："人生的价值，与物质无关。至少，一个精神富有的人，是不会感到物质的束缚的。久久磨灭不去的，还是周老的那句'不与俗客争名利'。看着台历，我在5月的那一页，写下了一个词语——'大风'。"

走进生活世界，置身真实情境，语文课程实现人的社会化延伸。语文综合实践留下的不仅仅是人生的"碎步"，更是生命的"印痕"。我所理解的理想课堂，不囿于课堂的"狭小"天地，它可以将语文实践的"触角"伸展到生活世界。

（《中国教育报》2020年8月6日第6版）

11 开启听障学生心灵之锁

贾益芹

— 人物介绍 —

贾益芹，山东省语文特级教师，国家"万人计划"教学名师，现任淄博市特殊教育中心听障部主任。曾获全国模范教师、全国先进工作者、全国三八红旗手、山东省有突出贡献的中青年专家等荣誉称号。多年来潜心致力于听障学生心理健康和手语教育研究，主要著作有《无声心语》《手语说书法》《手语诵国学》《走进心灵》等。

听觉障碍给学生学习运用语言文字、了解人类文化和参与社会生活带来了严重影响。在多年的教学生涯中，我一直努力探寻有效的教学方式，帮助听障学生克服心理与生理障碍，帮助他们打开心灵之门，获得生活之能，减少融入社会过程中的阻碍。

微笑：打开听障学生心灵之门

教师怎样消弭听障学生天生的自卑感和畏惧感，从而毫无障碍地走进他们的心灵深处呢？我在教学中发现，微笑是打开学生心门的神奇的钥匙。

曾经有一段时间小东显得特别消沉，经常孤零零地坐在教室的角落里。我问其他学生小东怎么了，学生们都说，小东脑子很笨，什么都不会。我抽空找小东谈心，手语加口语的谈话方式本来就节奏比较慢，加上他扭着脸沉默不语，谈话一度冷场，我只好耐心等待。过了好长时间他满不在乎地说："我很笨，学习不好。"我惊讶地问："谁说你很笨？"他说："同学们都这样说。"我说："先不要下结论。"接下来我细细地为他分析起来："第一，老师坚信，你不笨；第二，你上课没有认真听，思想开小差；第三，因为同学的评价，你有点儿自暴自弃；第四，你缺少朋友，很难过。"小东露出惊讶的表情，奇怪老师居然能明白他的心思。我接着又问了他一句："想不想进步？"他毫不犹豫地回答："想。"这之后我和其他任课教师共同为小东制订了"个别化教育方案"，在心理、学习、活动等方面适当地对他进行个别辅导，时不时给他一个鼓励的微笑。在教学实践中我和同事们越来越感受到微笑的神奇力量——课堂提问时，一个鼓励的微笑能启迪学生的思维；学生有了进步，一个赏识的微笑能激发学生学习的兴趣；学生做了错事，严厉批评后不忘给予一个宽容的微笑，能让学生重获信心。现在的小东，眼中有了光彩，有了好朋友，不再畏惧学习，成绩也有所提高。

存在自卑心理的听障学生在学校占到了绝大多数，有很多学生还存在比较严重的心理疾患。几年前我开始进行"聋生心理健康状况及教育对策研究"的省级课题研究，在课堂上实施了一系列"心育"策略。2019 年我结合大量的教育案例出版了《走进心灵》一书，为特殊教育教师对学生进行心理健康教育提供了从理论到实践多方面的参考。

情境课堂：加强与现实生活的联系

在特殊教育学校常常出现这样的尴尬场面：教师手舞足蹈、口干舌燥地讲完一篇课文，问学生写了什么内容，一半的学生不知所云，这就是听力障碍学生的原生态。叶圣陶先生说过，语文教学的根在听说读写。听力障碍导致学生"听""说"缺失，直接语言能力弱化了，主要表现在：听觉障碍带来对汉字音形义理解的脱节，导致思维"断路"；语言障碍带来表达的颠三倒四，出现表达"短路"。特殊教育学校教师要做的就是联系生活情境，发展学生的整体语言能力（包括口语、手语、书面语），构建紧密联系生活的生态化课堂。

音形义植入生活情境，让汉字具有鲜活的生命。汉字是音形义的结合体，健全儿童看到汉字"马"，会立刻读出其读音，脑海中会出现马在奔驰的场景。而听障学生在生活中可能看到过马，但是他们不知道那个漂亮的动物读什么音，不知道汉字的形音义是融为一体的。在教学汉字时，音形义必须同时出现，教师首先要给每个听障学生"正音"，达到让每个孩子都能"说"的目标，再配以精美图片、动感视频，通过读马、认马、画马、写马、用马组词等方式形成完整的"马"的概念。

"看说读写演"相结合，扬长避短，构建语言情境。李吉林老师指出，情境教学是充分利用形象，创设典型场景，激发学生的学习情绪，把认知活动与情感活动结合起来的一种教学。与普通学生相比，听障生更乐于也更倾向于在具象性的情境中建构知识。

听障学生因为"以目代耳"的代偿功能，观察力和模仿力比较强。我在教学中注重发挥他们的特长，多让学生用神态和形体语言来表演，注重学生的参与、体验、内化和生成。普通学校语文课有"听说读写"四大训练，面对听障学生的教学要把"听"变为"看"——看口型、看手语，我又增加"演"的训练，逐渐形成了"看说读写演"的语文课堂模式，增加了学习的趣味性和学生的参与度。在学习《景阳冈》武松醉酒打虎一段，学生把武松醉酒的神态、打虎的动作和老虎一扑、一掀、一剪的绝技表演得惟妙惟肖，武松的性格特点在表演中也得到了凸显。学习《高贵的施舍》一课之后，师生共同进行课本剧创作，教师和学生一起揣摩残疾乞丐的心理变化：一次次单臂"搬砖"，母亲有隐情的"施舍"……这些情节都深深触动了同样身有残疾的学生，体会到了由"被施舍"最终变为"自强自立"的心路历程，也获得了成为生活强者的信念。这个精彩的无声课本剧表演，后来获得了淄博市"百灵艺术节"的一等奖。

体验式教学历久弥香。去年9月我在讲《桂花雨》一课时，发现很多学生居然不认识桂花，部分学生的认知也仅仅局限在网络图片上。正巧学校综合楼大厅天井有两棵桂花树，一棵金桂一棵丹桂，还没到大厅我们已闻到了桂花的香味。我带领学生细细观察桂花的花瓣、颜色，想象"摇桂花"的场景。学生对课文中的桂花糕垂涎三尺，我就拿出早已事先准备的香喷喷的桂花糕，学生们一人一块，吃得津津有味！多感官参与观花、闻香、品味的体验式学习，记忆深刻而持久。多年以后课文内容学生也许会忘记，但是桂花糕的香甜或许会永远留在学生的记忆中。

注重生活中"随手拈来"的教学素材。我们学校教师与听障学生一起研学旅行时，提倡师生每人准备一个简易塑料夹、一沓白纸、几支彩笔，要求教师抓住契机带领学生与随处可见的生活知识来一次亲密接触和美好邂逅。春游花山，看到一丛绿色植物，学生不认识，打开手机点击APP，对着植物一扫，答案一目了然，是"野蒜"，图文结合有详细的介绍。教师随手用彩笔把"野蒜"的拼音和汉字写在塑料夹的白纸上，大声用手语诵读"野蒜、野蒜、野蒜"。这样的教学场景美好得让人心动，这样的学习学生乐此不疲，这样的美好生活让学生心怀感恩。

我们一直注重利用多种情境构建有助学生生命成长的语文课堂，关注学生基础知识的积累，关注学生知识与生活的链接，更关注课文背后的道德体验和价值观培养。

手语研究：架设有爱无碍教学之路

在一次听障教育课堂展示会上，一位外校教师借用我们的学生上公开课，在小教室试讲时效果非常好，学生配合度好，课堂气氛活跃。但是在正式进行课堂展示的时候意想不到的状况发生了——无论这位教师怎么启发，学生都是"一脸蒙"，该教师非常着急。我一直在观察讲课教师和本校的学生，这位教师全程都用口语，没用一个手语，本来很活跃的学生一个个正襟危坐，不敢回答或答不上来。我在想，现在大部分学生佩戴了电子耳蜗，听力都不错，在教室里近距离用口语授课没有问题，但是在这样一个空间很大、人数众多又有些嘈杂的大会场，学生的听力肯定会受到很大干扰。下课后那位教师有些沮丧。我问学生："为什么不举手回答问题？"学生说："看不清，也听不到老师在说什么。"任课教师恍然大悟，终于明白了症结所在，那就是没有给学生架设好语言的通路——没有适当使用手语。学生听不到声音，又看不到手语，等于接收不到信号，自然无法及时反馈，课堂上的互动就无从谈起。

在以听障学生为主的特殊教育学校，如何促进口语、手语、书面语在课堂中的合理使用，是一个大问题。听障学生作为特殊群体，有着独特的语言表达方式——手语。我对手语的研究开始于 2005 年，为了适应电视台《新闻综述》栏目的即时翻译，对于手语的规范性、方位、速度、美观等进行了一段时间的研究，其后正式确定手语研究项目是 2013 年。在教学与研究过程中我发现，书法校本教材在内容、编排方面都具科学性，如果配上形象的手语，将成为国内第一本用手语讲解书法的书籍。因为《中国手语》中关于书法的词汇比较少，远远不能满足书法教学的需求，于是我开始和书法教师一起研究如何在基本笔画、笔顺、偏旁部首、间架结构的教学中使用手语，帮助学生尽快掌握书法的基本规律。我们以标准手语为依据，辅以动作演示，历时两年完成了 36 万字的《手语说书法》一书。后来又相继出版了《手语诵国学》《手语唱中华》等著作，这些书籍都收到了较好反响。

（《中国教育报》2020 年 9 月 24 日第 11 版）

12 融博雅教育理念于体育教学中

丁玉山

人物介绍

丁玉山，北京一零一中学体育特级教师、正高级教师，国家"万人计划"教学名师。曾获中宣部、教育部和国家体育总局等十部门授予的第二届中国青少年社会教育银杏奖"特别贡献奖"及北京市优秀教师、北京市普教系统先进工作者等荣誉称号。兼任北京市中小学体育运动协会专家委员会委员、北京市教育学会体育研究会理事、中国中学生体育协会田径分会科研委员会主任等社会职务。

翻开人类教育发展史，关于教师的定位及其内涵的思考从来就没有停止过。许多在社会上有一定知名度并且得到同行广泛认可的教师之所以被称为名师，不仅因为他们具有渊博的知识储备、丰富的实践经验、完美的教学艺术，更重要的是他们对教书育人的深刻理解以及独特的育人方式。他们不但传授知识和技能，还为不同潜质学生的成长打开一扇光明之窗。

我认为，体育教学同样需要讲求教学艺术，注重育人。体育教学应该秉承博雅教育的理念，所谓博雅教育，其核心理念是让学生在掌握广博的知识和实践技能的同时，要培养学生正确的人生观、价值观，使他们在走进社会之后能够应对各种挑战。将博雅教育理念融于学校的体育教学之中，是我自己能够取得一些成绩的主要原因之一。

如何将博雅教育的理念融入体育教学呢？

不断学习中外教育家的思想和理论

要用博雅教育的理念指导体育教学实践，努力成为一名博雅教师，就要不断学习、终身学习。客观地讲，多数体育教师的学生时代是在运动场上度过的。专业知识不足是影响体育教师尤其是青年体育教师成长与进步的主要障碍。搞好学校体育工作，不但要有实现自身价值的强烈愿望和内在追求，还必须有先进的教育教学理念指导，不断把实践经验升华为教育教学理论。

为了弥补教育教学理论方面的不足，可以先从阅读专业书籍、教学参考资料和报刊开始，不断丰富自己的专业知识。随着学习的逐步深入，还应学习中外教育名家的理论专著，既要了解苏霍姆林斯基、赞可夫、皮亚杰、布鲁纳、布鲁姆等世界著名教育家的教育理论，还要研究魏书生、李镇西、李吉林、邱学华等中国教育改革开拓者的教育思想，用他们深刻而敏锐的教育思想引发自己对体育教学的深入思考。

学习需要认真、勤奋，需要持之以恒。苏霍姆林斯基曾说，一个教师在工作中每天重复同样的事情，如果没有学习的快乐、探索的收获，必然导致学识的贫乏、心胸的狭窄。任何一种职业，只有深深地爱着它并能从中感受到快乐，才能激发出热情、活力和创造性，才能及时有效地排解工作中的诸多压力。

努力增强体育教学的感染力和吸引力

北大中文系教授钱理群在谈及教师的价值时曾指出，一个好教师，会对学生有一种精神上的辐射。对于世界观尚未形成的中学生而言，他们生而具有智慧、道德和信仰的种子，体育教学的任务之一就是催生这些种子发芽和茁壮生长。

在体育教学实践中，要上好启迪学生心灵的"体育起始课"。运用新颖、别致、恰当、精彩、寓意深刻的起始课教学，展现体育之美和教师的魅力，使学生明确体育教学的目的和意义，克服"重智轻体"的观念，知晓教学计划，落实课堂要求。更为重要的是，要调动学生体育学习的主体意识，为后续的教学奠定坚实的基础。

要把励志教育贯穿教学全过程，谈古论今，面向未来，激发并点燃学生参加体育锻炼、强健体魄、完善自我的热情和报效祖国的雄心壮志，全身心地投入到体育学习、群体活动、运动训练和体育竞赛之中。

要坚持以人为本的思想，让体育课堂散发出时代气息。针对身体和心理发育都处于活跃期的青少年，体育课程设计要新颖，在场地布局、教材教法、器材使用等方面给学生新鲜感。明确的教学目标、富于时代感的教学设计、合理的内容搭配、严谨的教学组织、有效的练习方法会使学生有耳目一新的感觉。

体育教学的感染力和吸引力，在很大程度上依赖于教师的个人魅力。一个有魅力的教师，要努力锤炼自己的语言艺术，把语言学家的准确、数学家的严密、哲学家的深邃、演说家的雄辩、艺术家的情感集于一身。这样的教师，讲起课来才能内容丰富、思路清晰、论证严谨、风趣幽默，给学生留下深刻的印象。

体育也是一门科学、一种文化。每一项运动都有其产生的背景和文化渊源，都有其知识和技能形成的来龙去脉。在体育教学中，要用科学和文化激发学生对体育运动深层次的爱。通过讲授知识和技能的起源、演变与发展，使学生想学；讲授知识和技能形成的缘由、分析其中的实质、说明掌握技能的方法，使学生乐学；讲授技能的原理、学习策略，发挥现代教学的技术优势，使学生能学、会学。

在教学实践中提高专业能力

对于从事一线体育教学的教师来说，专业能力的进步是一个渐进的过程，需要日复一日、年复一年的积累。一个成功的一线体育教师，其根基在课堂。课堂教学是我们的价值所在，也是我们成长的土壤。只有坚守课堂教学的主阵地，苦练教学基本功，才能不断提高自己的专业能力。

教学是一门崇高的艺术，平凡而又圣洁。上体育课并没有固定的模式。上什么、怎么上，采用什么组织形式和教法手段，达成什么教学目标，如何使体育教学呈现出多样性、艺术性和感染力，都需要通过实践不断探索，不断总结和完善。一根小跳绳，能够演绎成为一堂丰富多彩、妙趣横生，充分体现新课程自主、合作、探究教育教学理念的高质量探究课。一节手持木棒的体育课，不仅可以完成各种定位、拉伸及柔韧性练习，还可以演绎成抒发理想和情怀的接龙数字游戏。

课堂教学是学校生活的重要组成部分，当教师就要上好课。课堂是教师安身立命之所，也是教师展示风采之地。在日常教学中，应始终坚持在备课上下功夫，对于体育教师而言，备课也是同样重要的。备课要达到"懂、透、化"的程度，其中"化"最为重要，要将课程教材的内容化为己有，使其具有鲜明的个性特征。只有严肃认真，精益求精，认真钻研，才能把难懂的问题讲得通俗易懂，把容易混淆的问题讲得脉络清晰，把枯燥的问题讲得引人入胜。

善于将实践经验和研究结果上升为理论

长期的一线体育教学经历告诉我们，阅读滋养底气，思考带来灵感，实践积累经验，研究产生理论。要想成为一名博雅教师，就必须养成肯学习、善思考、勤写作、会科研的良好素质。

写作过程是对教育教学工作的再思考，是一种探索，更是一种理性升华，撰写文章的过程就是积累和总结经验的过程，也是一种深化认知、加深对本专业理解的"业务进修"过程。

一线体育教师的科研应当以教学实践经验为依托，致力于学校体育传统经验的挖掘整理。在当前基础教育综合改革的新形势下，要坚持从身边教研、有效教研和真实教研做起，把重点放在课程、教材和教法的研究上。通过深入解析以及在实践层面上的创新设计，不断丰富课程资源和教法手段，提高体育教学质量，使科研成为教师专业化发展的"向往地"、体育名师成长的"孵化地"、教学创新的"激发地"、教学难题的"攻坚地"、教育思想的"交流地"。

通过群体活动弘扬学校文化

博雅教育不仅要靠有序、系统的课堂教学来实现，还要通过无序的非课程环节来渗透和培养，后者往往更容易触发思想、智慧和德育的火花，形成一些新的教育契机。学校和体育教师应积极创造条件，请体育界的明星与学生面对面交流，分享运动乐趣，传递奋进的精神，播撒拼搏的种子。学校的体育活动要尽可能面向全体学生，除了常规的春秋季田径运动会、冬季长跑锻炼之外，还应在不同季节组织小型多样的体育竞赛活动。各种体育活动是弘扬学校文化的载体，体育教师在这方面肩负光荣使命。

努力探索，不断创新，做一名博雅型体育教师，既是新形势下学校体育工作的客观要求，也是体育教师专业化发展的动力之源。

（《中国教育报》2020 年 10 月 22 日第 11 版）

13 我教书，书也教我

王 君

人物介绍

王君，中学语文特级教师、广东清澜山学校首席语文教师、全国初中语文名师工作室发展联盟理事长、中国语文报刊协会课堂教学分会副会长；首届全国中学语文"十大学术领军人物"，2015 年"全国教育改革先锋教师"；20 篇文章被中国人民大学报刊复印资料全文转载；出版专著 21 部；倡导的"青春语文"在语文教学界有着广泛影响。

曾有年轻人问我："王老师，你的语文课获奖无数，到底谁是你的教学法老师？"

这是个有趣的问题，引发了我对自己专业成长的反思。

要说老师，真的很多。其中有一个，很值得说说，那就是"书"。我们教书，书也在教我们。

优质的文本自身就是一种教学法

比如《谈生命》里就有教学法。冰心说生命有两种形态：一种是像一江春水一样奔向大海，一路欢歌，一路雀跃，停滞和迂回也是一种前行；另一种是像一棵树，长在最初的土地里，他的远方是向上向上再向上，迎着阳光和雨露，不移一步，也依旧找到了归宿。

冰心谈生命，也是在谈教学法。语文教学，各有各的路子，各有各的门派。有人喜欢激情，有人喜欢青春，有人喜欢本色，有人喜欢诗意，有人喜欢简约，有人喜欢深度——

有多少完整独立的个体，就有多少种语文样态。每个人都成为自己就好，每个人都按照自己喜欢的路径奔向语文的怀抱就好。可以学习，可以模仿，但个体不可以替代。我们每一个人，都是语文宠爱的孩子。

又如《走一步，再走一步》里就有教学法。无论哪种教学法，内核里都是对学生的爱，都是对学生心智的呵护与成全。"下来吧，孩子，晚饭做好了"，没有这样的一种关怀，"教学法"就不成其为教学法。理解孩子的学习恐惧，并帮助孩子消除这种恐惧，是所有教学法的共同特点。而"一小步一小步地走"的阶梯意识，更是田野课堂一线教法必备的要素。任何"法"，其本质都是"一对一"的帮助提携。要想对得上，咱这个"一"就得研究学生的那个"一"。用这种思想来建设教学法，"法"才能真正被课堂所用，而不是悬在空中落不了地的理论。

再如《社戏》里就有教学法。《社戏》中的那个小双喜，可是个好老师。在他的帮助下，迅哥儿成功看上了戏，还看得很开心。这个过程，全是教学法。平桥村中的孩子们都很有同理心，迅哥儿没船看不成戏，悲哀得不得了，大家伙儿都跟着叹息且同情。只有这个双喜，除了跟着叹息且同情外，还能跳出这叹息且同情，琢磨船的问题。他一琢磨，问题就出现了转机。所以，这个孩子，是个不沉溺于问题、不被问题淹没，而能够站在高处俯瞰问题的小家伙。这就是我们面对文本的态度——既要能够在文字中出生入死，又要能够跳出文本，居高临下俯瞰文本。这样看文本，一定能够看出东西来。

而后来，双喜的表现，更加处处是教学法：为了让母亲放心，他分析"可以去看戏"的三大理由，你看那先后顺序的安排，看那逻辑，是不是很严谨？一环扣一环，各种预设，各种预案，步步为营。我们研究教法，研究如何帮助学生，也是这样的思路。小双喜后来和六一公公对质，那心理学原理应用得好哇，六一这样的老家伙根本不是小家伙的对手。教学法也是这样，没有心理学的支撑，是很难见"法力无边"的。双喜最可爱的是一方面特别懂事机灵，另一方面也还是个"孩子"，跟着大家伙儿"破口喃喃地骂"那老旦,骂那戏不好看。双喜要不骂,这个形象就没有那么跳脱了。我们做老师呢,教学法的最高之法也不是哪一种具体的技巧,而是到时候了,自己也能变成那个年龄阶段的孩子,跟着他们一起闹,一起疯。"教""学"合一,就意味着天人合一,"合"上了,这课堂,就"活"了。而课堂最不好的状态,一定是"隔"的状态,教师和学生分离,心意无法沟通,再好的教学内容,也都白搭了。

教学现场都是生命现场

《社戏》里不仅有教学原理,还有教学心境的指导。我一直觉得,教学法绝不仅仅是些具体的方法,还应该有一部分,就是"教学心法",教老师如何打理自己的教学心情——我们活,不就是活个心情吗?教,其实也是教个心情。心情好,什么都值,再累也是幸福。心情不好,学生考出来的成绩再好,也没什么意思。《社戏》里边到处都是心理学。比如那戏好看吗?不好看,难看!豆好吃吗?一般般,普通得很。为什么最后一律都成了"最好看最好吃"的呢?原因就在文本里:

> 月还没有落,仿佛看戏也并不很久似的,而一离赵庄,月光又显得格外的皎洁。回望戏台在灯火光中,却又如初来未到时候一般,又漂渺得像一座仙山楼阁,满被红霞罩着了。吹到耳边来的又是横笛,很悠扬;我疑心老旦已经进去了,但也不好意思说再回去看。

你看,这就是人的心情。再糟糕的经历,一旦离开了,一回望,"月光又显得格外的皎洁"了,那"戏台",又"漂渺得像一座仙山楼阁"了,生活又像"横笛"一样悠扬了,主人公们呢,又想"再回去"了。这就是生活,"一切逝去了的,都将成为美好的怀恋"。鲁迅写得是不是极富禅意?这是生命的心境,也可以成为教学的心境。

教学现场其实都是生命现场，没有都顺利、都美好的。处于这个现场中的我们，焦虑是难免的，甚至打退堂鼓的时候都有。但实在难熬的时候看看《社戏》，你就释然了。我们对未来一定要有一种"信"，我们所经历的，好与不好，最后都将被"红霞"罩住，都将成为"最好看最好吃"、恨不得"再回去看看"的传奇。

所以，活在当下，教在当下，欢天喜地地享受当下的一切，这就是活法，这就是教法。

语文教学应追求"空明之境"

要说最值得一提的教学法老师，我觉得，非苏轼莫属。

人过"不惑之年"，但"惑"却从来没有停止过。

比如关于"思想"的问题。有一段时间，我总觉得自己不够深刻。

又如关于"节奏"的问题。我这激情派上课，课堂常常如野马脱缰。

再如语文教学的许多"经典纠纷"也常常将我裹挟。人文性与工具性之争，一度让我不知所措……

结果，苏轼一篇《记承天寺夜游》，把所有的"惑"全解了。

解惑之药就是文中的两个字：空明。

何为空明？

空明首先就是要会"为乐"。解衣欲睡之时，月亮来访。既然客人来了，那就开门迎客。于是欣欣然穿衣出行。还嫌一个人不够热闹，再抓一个去，而且心中有谱，哪个人是值得去抓的。苏轼之可爱，首先在于他会玩儿。管他什么时间什么地点什么天气，都能玩得很嗨。

空明就是那点儿"闲"。不太满，不着急。月亮在头顶上照着，天宽地阔，月色无限。深冬的夜里，时间好像也变慢了，日子变长了，只适合"步"了。"有甚么歇不得处"？歇了就是。

空明就是那份"欣然"。见了月亮，"欣然"起行。朋友没有睡，也

"欣然"。步于中庭，"欣然"。觉得月亮好看，"欣然"。自我表扬一番，"欣然"。"欣然"不是大乐，是内心深处的一份淡淡的喜悦。

空明就是"盖"的味道——原来是这样啊！对生命的极微小之美，也永远充满惊叹！

……

这里边，全是教学法。

要"为乐"：课堂要带给孩子们快乐，课堂上要和孩子们一起"作乐"。

要有一点儿"闲"：课不能上得太满太急。

要有一点儿"欣然"：课堂的气氛应该是和谐的，师生都要有"欣然"的冲动，而不是被压迫、被催促。

要有"盖"味儿：一定要给学生一点儿惊喜。好的语文老师要懂得抖包袱，卖关子。

要如"积水空明"：摒除杂念，灵魂安宁。所以课堂上枝蔓不要太多，目标不要太杂，返璞归真、化繁为简是必由之路。

人空明，课才能空明。

惑就这么解了：

做小溪流，也挺好，只要不是烂泥潭。不用羡慕人家的"厚重"，真正的厚重不是抡起重剑骇人，而是拈花摘叶均能为剑。有的人能把简单表述得很复杂，有的人能把复杂表述得很简单。我们要努力做后一种人。

所有的纠缠都是无意义的，不必争。语文也如一轮皓月，夜晚的时候，安静的时间，它才有光、有色、有形。心中空明之人才能欣赏到它的好。摒弃复杂，回归本源，语文人做好语文人的事，就好。

语文的状态，最好的是苏轼赏月的状态：空明之境，空明之友，空明之眼，空明之心……慢慢地稳稳地，中庭信步，深夜不倦、不惑。

这便是苏轼教我的：课，一清如水；人，明心见性。

（《中国教育报》2020 年 11 月 12 日第 11 版）

14 文化语境：音乐教学的新视角

黄美华

人物介绍

黄美华，现任教于江苏省南通师范学校第二附属小学，江苏省音乐特级教师，国家"万人计划"教学名师。曾获全国模范教师称号和全国、省、市教学比赛一等奖。参与编写小学音乐教材及教参50多本。

从教34年，我一直秉承"课比天大"的信念，努力探索"文化语境中的音乐教学"，力争让课堂成为诗意栖居之地、师生精神飞扬之所。匈牙利作曲家、音乐教育家柯达伊有一句名言："小镇上的音乐教师比歌剧院指挥重要。"作为音乐教师，我们应该用全身心投入和教学创新去促进学生的全面发展。

文化是音乐生长的土壤

"文化语境中的音乐教学"是我经过多年探索之后提出的教学主张。南京艺术学院博士生导师管建华教授在点评我的教学专题文章《文化语境中的音乐教学》（发表在《江苏教育》上）时指出："将音乐作为文化或文化中的音乐来教授是音乐人类学家提出来的，现在已成为国际音乐教育的一种重要观念。音乐作为文化的观念对于音乐教师为什么重要呢？那是因为我们每个人都是生长在一定环境中的，音乐也是生长在一定的文化环境中的，我们理解一种音乐自然需要了解这种音乐是如何生长在其文化中的，就像了解某种植物，先要知道它在何种环境、土壤、季节、气候之中生长一样。理解音乐就是理解一种文化，这是一个很重要的理念。"

在我看来，基础教育阶段的音乐教育不只要教"音乐的 ABC"，同时理应转向"文化的音乐教育"，这是当今国际音乐教育以及中国音乐教育的大势所趋。管建华教授的观点，也正是我孜孜以求的实践路径。

基于作曲家和演奏家的语境活动，从音乐元素入手，教师要关注"如何教"。基于欣赏者的语境活动，则要从学生的身心特点出发，关注学生"如何学"。教师要善于创设情境，帮助学生顺利进入音乐世界，借助图谱、视听结合打开审美通道，借助戏剧表演加深情感体验，借用打击乐器参与演奏理解乐曲风格等，让欣赏者在文化语境丰富的音乐教学中，情感更加丰富，思维更加活跃。学生情不自禁参与其中，美美地听与想，快乐地唱与创，不断提升音乐素养。欣赏者全神贯注和积极投入，才会让音乐的生命力量得到充分焕发，让音乐的教化作用得到充分彰显。

找到文化的切入口

我初上讲台是 1987 年。那时候，唱歌是音乐课的主要内容，音乐教学一直停留在单纯教几十首内容正确的歌曲上——教一些基础的音乐知识和技能。在望而生畏的识谱中，在乐理知识的灌输中，在枯燥乏味的技能训练中，学生对音乐课失去了兴趣。

如何让音乐课变得有意思，如何提高学生学习音乐的兴趣，正是初出茅庐的我的朴实追求。直到今天回头看，这也依然是很多音乐课堂有待解决的一个问题。《银色的桦树林》是一首加拿大民歌，歌曲采用重复乐句加尾声的布局形式和叙述性的口吻，描绘了具有浓郁异国风情的桦树林。在教学中，我采用图画再现和语言渲染等手段展现加拿大风貌，还适时加上从加拿大带回的枫糖、钱币、风光明信片、驯鹿玩偶等礼物，让学生观察、触摸和品尝。渐渐地，学生的思维活跃了起来，尤其是衬词"蓬得得蓬蓬"，引发了他们无限的遐想：

我觉得"蓬得得蓬蓬"就是"河狸建筑师"发出的声音。

我觉得像驯鹿的脚步声，它们在欢快地跑着。

我觉得，那是风吹桦树林时，树枝相撞发出的蓬蓬声。

……

在充满文化韵味的音乐教学中，陌生的加拿大，在学生眼中变得清晰真实起来。他们唱出的"蓬得得蓬蓬"，不再是没有实在意义的"衬词"，而是带着丰富联想和充满生命活力的歌声。我惊喜地发现，学生喜欢这样的音乐，喜欢这样的音乐课。以后每每拿到新的音乐作品，我不仅努力听透唱熟，还会通过"专题阅读"，了解音乐蕴含的文化密码，用文化把音乐课堂撑起来。

将音乐教学融入文化语境

波兰人类学家马林诺夫斯基，早在 1923 年就提出了语境相关概念。他认为，学习任何一种语言，首先必须了解该语言的情景语境和文化语境。"文化语境中的音乐教学"，就是把音乐与音乐学习放到社会的大环境以及关联的小环境中，综合历史、社会、政治等知识对审美的推进作用，并且运用心理学、生理学等学科的成果开展实践与研究，从文化的大背景中重新认识和理解音乐作品，从文化价值的角度思索——如何用音乐课程、音乐教育更好地促进学生的发展。

从实践的角度来看，每个音乐活动都包括三种不同的角色：作曲家、演奏家与欣赏者。三位一体，缺一不可。在音乐教学中，应充分关注三者在音乐观念与文化背景上的差异性，教师可以基于作曲家、演奏家或者欣赏者三种不同的文化视角开展教学活动。如二胡独奏曲《二泉映月》，阿炳称它为"自来腔"，是他在走街串巷中"信手拉奏"的。事实上，这首乐曲并不是阿炳随便"信手拈来"的，而是融合了阿炳深厚的道教音乐功底与江南民间音乐修养的佳作。我设计了这样的教学活动：让学生随主题演奏二胡，了解"循环变奏体"作品的体裁特点；用主题填词演唱，表现阿炳作品中的音乐形象……从作曲家的视角切入音乐教学，可以引领学生跟随作曲家进入音乐内部，在感受音乐的同时，理解作曲家的个性特征与时代背景对音乐作品的影响。

成熟的演奏者通常也有自己的风格和个性。不同的人对同一首作品进行演绎时，产生的效果一定不同。我让学生跟着宋飞用左手在二胡最高把位和最低把位来回穿行，体验音乐的起伏跌宕；将肯尼·基（Kenny G）用萨克斯演奏的《二泉映月》和唐豆用口哨吹奏的《二泉映月》进行对比，感悟音乐的民族风格与演奏速度、乐器音色之间的密切关系。理想的欣赏者应当是"知音"，比如，著名指挥家小泽征尔就从姜建华的二胡演奏中感受到悲凉旋律蕴含着的积极向上力量。因为被震撼，他才会泪流满面，才会说"这首曲子应该跪下来听"。

从学科教学走向学科育人

针对音乐教材零散、课堂教学薄弱、学生接触作品较少等弊端，我开始研究"主题性音乐文化专题课程"。主题性音乐文化专题课程源于问题，基于教材，紧扣课标，以国家教材中的歌（乐）曲为核心曲目，用"文化主题"串联起相互关联的音乐作品，在整合重构的课程中，凸显"立德树人"的育人取向和价值追求。例如，针对每周一升旗仪式上，部分学生演唱国歌缺少庄重感甚至显得漫不经心的状况，我开发了"聂耳叔叔和他的歌"文化专题课程，通过编写文化读本，把散落在不同学段、不同教材中的聂耳作品《义勇军进行曲》《卖报歌》《码头工人歌》等串联起来，加入根据音乐设计的适合学生参与的实践活动、作曲家的故事和创作逸事、从作品中提炼的基础知识与技能、与音乐相关的其他艺术作品的拓展学习等内容，帮助学生通过对聂耳歌曲的欣赏演唱，感受报童、码头工人生活的艰辛，进而让学生了解与国歌相关的重大事件，感知国歌的变迁，体会如何用音乐元素表现国家的庄严与大国的风范。学生从此明白应用肃立的姿态、庄重的神情唱好国歌，升华爱国情感。这种主题引领下的课程整合重构，形成了教育的合力，让学科的育人价值有了落脚的地方。

我还与本校的语文教师合作，采取"一课两师"教学形式，打破学科壁垒，开展音乐与语文相融合的跨学科教学实践活动。如涉及"高山流水"与"伯牙绝弦"、绘本阅读与音乐欣赏、京剧大师梅兰芳等内容时，将两个学科中的教材内容重组整合，突破学科边界，扩充了教学内容。

（《中国教育报》2021 年 3 月 19 日第 9 版）

15 优秀教师要追求三个"真"

阮翠莲

人物介绍

阮翠莲，中学语文特级教师，正高级教师。首都师范大学附属中学副校长，曾任首都师范大学第二附属中学校长；从教 30 多年来，一直践行"弘美教育"的理念。参编人民教育出版社、作家出版社初中语文教材及教参，为人民教育出版社录制示范课 50 多节，发表教学论文 50 多篇，主编参编书籍 10 多册，出版专著 2 部。

如果想成为优秀教师，就需要具备优秀教师的"基因"。什么才是优秀教师的"基因"？我从自己多年的教学生涯中得出三点感悟：做真学问，用真心育人，教给学生真本事。

做真学问

我曾经做过五年的中学语文教研员，每与教师们探讨教学问题，总听一些人说"教参上是这样说的……""老教师们是这样讲的……"。其实，不迷信权威，独立探究和自主思考，做真学问，才是教师专业成长和进步的关键。

专家与老教师的学问和经验，自然值得我们尊重和学习，但是我们更应该刨根问底：教参为什么这样说？老教师们为什么传授这样的经验？随着时代的发展和进步，前人的学问和经验有没有需要改进和变革的地方？孟子说的"尽信《书》，则不如无《书》"就是这个道理。更重要的是教师要养成独立探究和自主思考的习惯，如此一来，我们传授给学生的"学问"才是有理有据、有思考价值的。同时，把独立探究的精神传递给学生比单纯传授知识要重要得多。

教师承担着不同的学科教学任务，而我们所教学科的本质意义是什么，我们要教给学生什么？这个问题是教师面临的最重要的问题，也是教师是否优秀的重要标准。明白了学科本质意义是什么，也就找到了学科教学的目标或者灯塔。否则，即使工作再敬业，教学再勤奋，也是方向不明、目标不清的低效劳动，甚至有负面效应。如果一位教师只是考什么教什么，恐怕永远搞不清学科教学的本质，也难以成为优秀教师。

以语文教学为例，同样教授一篇课文，十位教师会有十种不同的教学重点，自然也就有十种不同的教学效果。十位教师孰优孰劣，判断的标准有很多，但最重要的是看哪位教师把握住了语文学科教学的本质特征，注重培养学生语文学科的核心素养。学科教学方向明确的教师，即使偶尔教学效果不太理想，长期下来也会有优异的教学效果。反之，学科教学方向不明确的教师，即使偶尔有漂亮的课堂教学，长期下来学生依然收获不大。偏离了目标航线的航行也便失去了真正的意义。

"教什么"永远比"怎样教"更重要，优秀教师不仅要明白"教什么"，还应知道为实现教学目标需要做些什么。优秀教师除了能按照教科书内容教学之外，还应该具备自主开发课程的能力。"教材无非是个例子"，而选择什么材料作为"例子"就显示出教师的能力了。还是以语文教学为例，让学生读什么、读多少，写什么、写多少，教师的自主性很大。教师的课程开发能力最能体现教师的学养和功力。

用真心育人

教师要目中有人。教育的本质是育人，培育未来社会发展需要的高素质之人。我们面对的每一个学生不仅属于现在，更重要的是他们属于未来。他们不仅属于家庭，属于学校，更重要的是属于社会，属于整个人类世界。教师期望未来世界美好，就应该用全部身心来培育我们面前的学生，他们就是我们的未来世界。

人生而平等，不管他是谁，是否健康和完美。教师应该给予学生的首先是尊重和爱。教育要充分挖掘每个学生自身的潜能和特长，教育必须放眼学生一生的发展，教育应该让每个学生成为最优秀的自己。

目中有人是教育的前提条件，只有把育人放在首位，教师的一切工作才有意义，教师才能够成为合格的从业者。尊重是开启学生心灵大门的钥匙，宽容是养育美德的必要过程，信任是创设良好师生关系的前提，表扬激励是激发学生进取的法宝。教师用真心育人，教师职业才具有伟大的意义。

基础教育的对象是儿童，这个年龄段的学生对未知世界充满好奇，思想单纯而富有激情，但是学生的情绪往往又是不稳定的，他们的情感、态度、价值观都需要引导和培育。因此，教师在教育过程中首先应该成为"多情"的人，工作过程中富有"真情""热情""温情"的教师才能很好地承担起学生情感教育的重任。

真情，指的是教师要发自真心地关爱每一个学生，关注学生的身心健康和长远发展。真情，是成为优秀教师的起点。

热情，指的是对学生、对教育工作充满热烈的情感。热情的教师容易温暖学生，能够把迷茫而孤独的青春期学生吸引在自己身边。学生的心灵成长需要友好的生长环境，热情温暖的教师最适合承担"引路人"的角色。

温情，指的是教师对学生要有温和的态度、温暖的情感。教师的温情是学生心灵成长的沃土。教师需要用包容之心温暖学生的成长之路。青少年学生在成长过程中容易出现这样那样的问题，会懈怠偷懒，会意气用事，会犯错误，甚至会出现"硬伤"。而教师就是学生这些"特殊时刻"的引路人。温情的"春风化雨，润物无声"更容易产生良好的教育效果。

习近平总书记说："好老师心中要有国家和民族，要明确意识到肩负的国家使命和社会责任。"教师胸中有家国，才能培养胸怀天下的学生。教师要了解国家的历史和文化，要关心国家大事，始终与时代的脉搏共振。同时引导学生看清，我们处在怎样的世界，这样的世界对国家的发展会产生哪些正向或者反向的作用。教师要着眼未来，放眼世界，眼界要宽，眼光要远。因为我们要培养祖国未来的建设者，优秀教师必须胸中有家国，自觉把家国大任肩负在身。

教真本事

人类社会的进步与发展到底需要什么样的人？未来社会到底需要现在的学生具备哪些真本事？……这些问题值得教育工作者不断追问，以保持对教育本质的不断探究和思考。教给学生真本事，至少应该做到三点：激发学生的求知欲、启迪学生的智慧、成就学生的远大志向。

每个学生都有好奇的天性，也都有求知欲望。教育要做的是找到触发学生求知欲的最佳触点。教育过程是不断激发他们的好奇心，引导他们内在的学习欲望，引领他们自觉地去学习进步。教育过程中"因材施教"最为重要。每个学生都有自己的天赋，怎样发掘他的天赋，需要教育者的"慧眼"。教育过程中教师需要给学生创设尽可能多的尝试的机会，发现和挖掘学生的天赋，在摸准学生禀赋的基础上激发学生不断求知探索的欲望，助力每个学生成为最好的自己。

教育要不断启迪学生的智慧，让每个学生越学越聪明。教学生学会学习，并具备终身学习的能力。"死记硬背""知识填鸭"对启迪智慧有巨大的副作用，如果教师如此教学，学生的智慧会被磨损，学生甚至产生厌学情绪。教会学生学习、启迪学生智慧的核心就是培养学生发现问题、分析问题、解决问题的能力。学校和教师的一切教育行为如果紧紧围绕这一核心展开，我们的学生必定会越来越聪明。

培养人才，目的是使其为人类社会的进步与发展做出贡献。任何一位优秀的社会公民都需要承担社会责任，并具备奉献社会的品德和能力。正是因为这一目标，教育才具有伟大的社会意义。

因此，自教育的起点开始，就需要引领学生关注社会，了解社会，融入社会，奉献社会，培养和激发学生胸怀家国、服务社会的远大志向。

学生高尚人格的修炼与形成是教育的难点，也是目前基础教育着力不足的方面。教师如果只着力于学生的分数和短期发展，一叶障目不见泰山，教育的真正意义也便丢失，教师的职业意义随即大打折扣。

教师是人类灵魂的工程师。优秀教师会憧憬未来社会的绚丽美好，努力塑造美好心灵，对眼前的每个学生"工笔细描"！

作为基础教育界的一员"老将"，我虽然已经工作 36 年了，但对这份事业依然充满热爱。对同行中的后来者，我最想说的就是：成为好教师，要下"真功夫"。

（《中国教育报》2021 年 4 月 2 日第 5 版）

16 语文教学要 "为儿童全生活着想"

李竹平

人物介绍

李竹平，北京亦庄实验小学教师，小学语文特级教师，中国语文报刊协会名师专业发展研究会学术委员会副主任。出版有《我在小学教语文——母语课程的开发与实施》《作文故事会——飞刀老师的 16 堂高分作文课》《春天是用来"挥霍"的》等著作。

多年的教育教学经验和观察，让我笃定了一个认识：不同教室的母语课程，带给儿童的母语学习体验和收获是不同的，有的甚至可以用判若云泥来形容。

与大多数语文教师一样，从成为一名语文教师的那天起，我就在不断地建构和更新着自己的课程理解，不断探索具体教室里母语课程应有的样态——从不自觉到自觉。而唯有自觉地探索、建构和更新，才能体现出身为一名母语教育者的责任和担当。

以儿童的眼光看待语文课堂

参加工作十余年后，一个偶然的机会，我读到了两首儿童诗，一首是段永祥的《告诉你一个秘密》，一首是狄金森的《篱笆那边》。确切地说，段永祥的《告诉你一个秘密》，真正打动我的，不是这首诗整篇的立意，而是第一节中太阳老师多姿多彩的主意和第二节中星星学生们各不相同的表现。两相结合，让我突然意识到，无论外部形态多么整齐划一的教室里，都生活着一个个丰富多彩的鲜活生命，他们各有各的性格，各有各的兴趣，各有各的愿望，尤其是时时刻刻各有各的小心事——不论是所谓的成人教师，还是儿童学生。

给我更大冲击的是狄金森的《篱笆那边》。这首儿童诗，与其说是写给儿童的，不如说是以儿童的聪慧心思写给成人的。那份真切的童心童趣里，有着几乎每一个人的童年经历和记忆。读过之后，我不禁慨叹："是啊，我也曾经是儿童！"

所以，我开始尝试着以儿童的眼光来看待语文课堂，努力换位体验儿童在语文课程中的心理状态，不再简单地在教室课程中把"学情"当成一个二维的标签，至少意识到了投身课程生活中的，不是被抽象化的"学生"，而是完完整整的"儿童"。

不再囿于一本教材的课程开发和实践，让教室里的语文课程丰富起来，让儿童的语文学习生活丰富起来，并非来自人们敬畏的"勇气"，而是来自我们常常忽视了的"常识"。对于儿童千姿百态、千变万化的心思而言，如果教师的课程视域无法突破一本教材，或者不以教材为云梯反以教材为藩篱，语文学习不可能触及儿童内在的心灵，语文课程不可能架起教师和学生心灵的桥梁。

整本书阅读、听读课、晨诵，这些成为语文课堂里不可或缺的课程内容，就是源自我偶然"看见"了儿童，模模糊糊地感受到了儿童在课程中的中心位置——苏醒了自身已经沉睡多年的童年经验。但是，最初三五年的课程实践，并不具有"探索"的性质，行动上是有意识的，认识上还是跟着感觉走。

反思自己如何从不自觉到自觉的过程，也是身为一名语文教师的我自我觉知的过程。不自觉的状态下，并没有意识到教室母语课程生活对于自己身为教师的自身完整和认同的价值，更没有意识到其对于儿童生命和精神成长的价值。不自觉的状态下，仅仅是即时地体验着、感性地判断着这一节课的学习活动或这一篇文章的学习历程中，儿童和我是积极而欢快的，还是麻木而无聊的——大概少有痛苦的感觉，因为痛苦来自深刻的反思和洞察。教室母语课程探索和创造的自觉意识，萌芽于对儿童的"看见"。

开发"为儿童全生活着想"的母语课程

甜头当然最先来自感性的体验——学生对我的喜爱和亲近。我沾沾自喜地发表着"反思性实践"和"实践性反思"的感言时，忘记了先贤两千多年前的告诫："学而不思则罔，思而不学则殆。"

回头再思考和判断当时学生表现出的语文学习热情，我才发现，那更多地来自他们天然的"饥渴"，并没有真正以主体姿态体验到语文学习对于自我成长的意义。他们沉浸于"知道"和"了解"更多带来的新鲜感与快乐，但这所谓的"更多"，不过是我为语文课堂带来了教材之外的"甜品"。

这样的认识，源于自身阅读学习的拓展与深入。从叶圣陶先生的著作中，我遇见并主动思考何为"为儿童全生活着想"的母语课程；从很多儿童和童年研究的书籍中，我那被抽象的儿童遮蔽的双眼，开始积极地发现一个个具体的儿童；哲学、社会学、历史学等启发我目光还应该投向儿童成长的明天和未来……

我开始开发和实践"为儿童全生活着想"的教室母语课程，根据学生的年龄阶段、认知水平等，编写契合儿童成长节奏的母语学习读本。读本以语文素养的发展为核心，尽量联结儿童生活的方方面面，以期在促进学生亲近和热爱母语的同时，拓宽他们的视野，发展他们的批判思维和创造精神。

我用了六年的时间思考和实践"为儿童全生活着想"的母语课程，并将其梳理成《我在小学教语文——母语课程的开发与实施》一书出版。这本书序言中的一段文字，基本阐明了我的想法：

在语文课程建构和实施上，"为儿童全生活着想"的理念让我对母语教育有了更加深刻的理解和认识，我不再从表面上追求语文课程的丰富性和多样性，而是从学生全面发展的需要出发，让母语学习与学生的"全生活"建立起真实、自然、紧密的联系。我主持编写母语教育读本（教材），力求使学生的母语学习符合三个课程逻辑：理念逻辑、内容和目标逻辑、儿童成长逻辑。有逻辑的语文课程建构和实施，才能帮助学生认识生活、丰富语言、发展思维和心灵。《历史的足迹》是一本以历史为主题的母语教育读本，在五年级编写、使用这一读本，是为了帮助学生在学习母语的同时，初步建立中国历史的全景视角，启蒙学生的历史观，让学生在历史叙事中学习母语，从历史的维度促使学生的母语学习与"全生活"建立起了联系。其实，突破传统的学科壁垒，以联系的眼光看待母语学习，让母语学习真正回归生活，融入生活，创造生活，也正是叶圣陶先生当初的美好愿望，而我，不过是在用行动继承他的教育思想而已，而成果，是微不足道的。

探索儿童成长与母语教学规律

母语教育要为儿童全生活着想，这是毫无疑问的。儿童在生活母语的自然环境中生长，在母语课程的浸润中成长，在母语的不断滋养下塑造自我。儿童遇见的母语课程，不仅会深刻影响儿童的语文综合素养发展，而且会深刻影响儿童的自我觉知和创造，影响儿童对母语学习和自身成长意义的发现与确认。

"为儿童全生活着想"不是口号，而是根植于教室生活和儿童成长的课程行动。基于教室儿童母语学习和身心成长需要的母语读本，固然是重要的，但是，如果离开了我自己编写的读本，这一理念是否照样可以落实，并开花结果呢？

在统编版教材全面使用并几乎成为教室课程不二选择的情况下，在

"语文要素"成为母语课程实践和言说的中心时，"为儿童全生活着想"的理念，是否还可以应用于教室母语课程建构和实施呢？带着这样的思考，我开始了对统编版教材的研读和小心而又大胆的实践探索。

立足于"母语"和"儿童"这两个概念，我发现，统编版教材的使用，完全可以通过单元内外的整合、内容的拓展、主题的深入等，让教室母语的学习关联并参与儿童"全生活"的创造。例如，"民间故事"单元的学习，从探究民间故事的起源、发展，到认识民间故事在不同艺术形式中焕发的生命力，再到引导学生运用创造性的方式演绎民间故事，既落实了"语文要素"，更使得学生对民间故事有了更加全面、深入的理解，知识背景和情感体验都得到了丰富，认识和判断能力得到了发展。

时代在发展，教育在变革，培养学生核心素养成为所有课程建构和实施共同追求的目标。母语课程更不例外。当我们言及"母语"的时候，必然想到了文化的传承与担当，想到了民族精神的继承和开拓，想到了我们之所以成为"我们"的根基和血脉。

立足"母语"，开放胸怀，积极行动，必然是每一个语文教师的使命所在。"为儿童全生活着想"，就必须遵循儿童成长的规律和母语学习的规律，以时代发展的需求为参照，以儿童此在的生活为基础，从人与自然、人与社会、人与他人、人与自我等维度，不断开发和更新母语课程内容，帮助教室里的儿童建构健康积极的母语学习生活和体验。这是身为语文教师的使命，也是热爱语文之人的宿命。

当我自觉思考和评判自己教室里的母语课程时，幸福和痛苦常常交替来袭，甚或携手来攻。痛，并快乐着，大概就是我母语课程探索之路上最真切的体验吧。

对于我而言，坚定了"为儿童全生活着想"的母语课程开发和实践的信念，这条探索之路，就永远是进行时……

（《中国教育报》2021 年 4 月 16 日第 5 版）

17 审美人生教育为学生增"四力"

陈铁梅

人物介绍

陈铁梅，现任教于江苏省南通市海门区东洲国际学校，正高级教师、美术特级教师，国家"万人计划"教学名师，江苏省人民教育家培养对象；多次荣获全国、江苏省、南通市基本功比赛和教学比赛一等奖，曾获江苏省教学成果一等奖；迄今发表论文 80 多篇，出版 2 本专著，主持研发 6 项美术课程，参与编写美术教材和教参 20 多本。

从教 30 年来，我每天生活在学生中间，观察着他们的学习和生活，一直在追问：学生需要什么样的美术教育？通过美术的教与学，学生能收获什么？我认为，中小学美术教育重在唤醒学生的审美意识，引导学生激发自身审美潜能，提升审美素养，让他们成为热爱艺术、享受生活、境界高远、人格健全、生命充实、自由完整的人。基于这样的思考，2008 年我提出了"审美人生教育"的教学主张，并以此为研究方向，开展了相关思考和实践探索。

审美人生是中华美育精神的时代诠释

中华美育精神，是中华民族历经数千年生存与文化考验，孕育和积累下来的共同价值体系中的精华，凝聚着中华民族优秀传统文化的结晶，其核心主张是"以美育人"。从孔子的"游于艺"到今天提倡的大美育，都是中华美育精神的具体表达，都是在肯定"美"对于精神正直、良心纯洁、情感富足、信念端正等心灵正朝向所产生的积极影响。当下我国美育正面临着诸多问题与挑战，看似"无用的知识"被忽视，技术追求与审美感受不断博弈，大众文化与高雅艺术对垒，这对学生价值体系塑造带来了直接的困扰……

"培养全面发展、和谐发展的人"，是苏霍姆林斯基教育思想的核心观点和逻辑起点。教育的出发点和归属都是指向人的。所以，美术教育通过美的物象启发创造出一种具有审美意义的人生，继而达致"成人"，帮助学生"从必然王国走向自然王国"，这不仅仅是在完成美术的学科教学，更是在履行学科育人、立德树人的使命，让学生的生命因美术而丰饶与厚重。因此，审美人生是中华美育精神的继承发扬和时代诠释，审美人生教育则是美术教育的意义规定。

美术教学要着力发展学生"四力"

在美术教育中落实审美人生教育理念，需要把握好四点：

其一，唤醒学生的审美敏悟力，学会发现生活的美好。学会审美，就是学会生活。我喜欢带学生去校园写生，春天到月牙湖畔画"春江水暖鸭先知"，初夏蹲在百荷塘边画"小荷才露尖尖角"，秋天一起匍匐在花园里仰视花草树木，冬天就在画上撒盐体会"白雪却嫌春色晚，故穿庭树作飞花"的意境。写生有诸多好处，最重要的是能唤醒学生对生活细节的关注、对自然物象的联想。于是，学生会为欣赏到傍晚时分"月上柳梢头"的美景而欣喜若狂，会为学校一棵自然生长成"爱心"形状的树的色彩变化而奔走相告，这种对视觉世界敏锐的观察、想象和感悟能力，就是审美敏悟力。我认为，审美敏悟力是一种文化基因，蕴藏在学生的大脑深处，一旦被唤醒，便会焕发勃勃生机，从校园学习延展开去，成为生活经验的一部分，服务并影响学生的一生。

其二，培育学生的审美理解力，懂得塑造美的规律。美术教学不容忽视的问题是引导学生探究审美本源性问题，即"为什么是美的"。解决这一问题的路径，就是引导学生对造型、色彩、肌理等美的特征进行分析研究，学习构图、透视、明暗等美的表现手法，增进对变化与统一、节奏与韵律、对称与均衡等美的形式的理解。同时，要打通知识、技能和形式美感，让美术的文化属性丰富学生精神世界。以中国画的学习为例，我带着鲜荔枝进教室，与学生一起品尝荔枝的甘甜，分享荔枝的属科、花期、产地等生物学知识和营养学知识，然后在吟诵"日啖荔枝三百颗，不辞长作岭南人"佳句后，像齐白石老人那样挥毫作画。荔枝在我们的眼里、笔下，完成了从植物到水果再到艺术的转化，让理性认知冲破冰冷的知识罗列和描述，达到炽热的感性把握，于是，荔枝便有了色彩、情绪和温度。随后我们再联想，从荔枝的形态发散想象到"美艳如美人"……由此，荔枝就成为了一种文化意象。在此基础上，我们再一起欣赏其他以花果为母题的美术作品，学生从中获得了既有感性的丰富性又有人文的深刻性的"丰厚的感性"。美术教学要尽可能帮助学生发展"丰厚的感性"，以促进学生文化属性和精神世界的蓬勃生长。

其三，激活学生的审美欣赏力，掌握欣赏艺术作品的方法。欣赏是美术学习的基础，眼"高"才能手"高"。2011年开始，我投入大量精力研究美术鉴赏课，并编著出版《百幅名画欣赏》一书，带着名师工作室成员拍摄录制了100多期配套微课，究其目的，就是想引导学生在读、研、游中激活艺术灵性，推动审美体验与审美习惯的交互形成，继而获得欣赏艺术的习惯和素养。在具体教学中，我引导学生学习掌握"四问"的方法。以欣赏傅抱石、关山月两位先生的巨幅画卷《江山如此多娇》为例：一问"为什么画"，通过画幅右下角的"1959年"了解作品创作背景，明确画家用美术语言表现《沁园春·雪》的创作构想；二问"画了什么"，通过细节观察，联想词意，理解"画眼""娇"字的表现对象是祖国大好河山；三问"怎么画的"，通过临摹局部，掌握中国画"墨分五色"的艺术特色，体验中国画"借物寓意"的表现手法，感知画家为了表现祖国的幅员辽阔进行了"突破时空的大胆创新"；四问"画得怎样"，学生的结论是

"现实主义和浪漫主义的完美结合"。由此学生充分感受到画家对祖国深沉的爱，对中华民族的豪迈气魄和新时代伟大精神的歌颂。画卷中的江河与群山，是沉睡着的景象与艺术品，但一经教学介入，便能激荡出让人着迷的共鸣，爱祖国、爱人民的思想情感，在赏析想象中得以延伸与扩展。

其四，引爆学生的审美创造力，创造诗意的生活。最近我在教学《春天的畅想》，主要目标是让学生掌握色彩基础知识，包括同种色、类似色、对比色等配色知识，以及色彩的感情与印象。上课伊始我就布置了作业："请同学们放学后运用今天所学色彩知识，重新搭配妈妈衣柜里的衣服。"作业一出，学生们欢呼雀跃，任务驱动的学习充满了诱惑，学习效果也让家长又惊又喜："美术还可以这么有趣，这么实用！"此类创意行动经常出现在我们的教与学中，例如我们以校庆为契机，将教材中关于平面设计的内容抽取、打通、重组，开展"大情境、大主题"教学，全体学生参与了学校校庆徽标、海报、吉祥物、手袋和校园微型景观的设计，让美术学以致用、用以促学、学用相长。通过美术课程的学习，学生提升了五方面的素养——会看图、会表达、会判断、会创造、会认同，这些素养从美术到生活再到文化，是逐层深入的。

跨界整合有助于实现美术学科育人功能

学科的跨界整合，对于落实大美育理念和在美术学科中落实立德树人根本任务，具有重要意义。以《清明上河图》的教学为例，我将美术、历史、语文三科整合起来，从不同角度揭示、诠释这幅画的丰富内涵，有助于打通学科之间的隔膜，帮助学生形成跨界思维。我期待学生通过美术学习，建立起大美术概念，在每一笔的精准表达中成长为精致的人；在收集素材、整合认知、选择对象、解决问题过程中成长为懂得工作方法的人；在整体与局部的关系中明察秋毫，成为有全局观的人。而更重要的是，相伴着目标意识、坚毅执著、超越自我、勇敢面对以及创造力等卓越心理品格的成长，相伴着有效释放的情绪、全力以赴的投入、和谐融洽的关系、不断建构的意义和不断彰显的成就，学生能获得生命的幸福体验。这种在人生中永无止境地追求更高境界、更宽视野、更大胸怀的精神品质，是美术学习带来的精与微、格与局、广与大之辩证法。美术教育的立德树人也体现于此。

在我看来，美术教师的工作就是努力帮助学生经由美的熏陶和润泽，使主观性、自觉性和认识性相统一，让他们优雅、从容、坚定而灿烂地绽放生命之花，继而创造人生的美好画卷，让生命境界不断跃升，在大地上诗意地栖居。

（《中国教育报》2021年6月11日第5版）

18 课堂深处是"三个人"的交融

连中国

人物介绍

连中国，北京市特级教师。中国语文报刊协会写作教学专业委员会副理事长，课堂教学分会秘书长。北京教科院基教研中心市级教研员。北京四中首届人文实验班语文教师兼班主任，北京四中首届道元实验班语文教师。全国语文报杯课堂大赛一等奖获得者。北京师范大学教育硕士研究生及免费师范生培养兼职导师。出版专著有《唤醒生命》《语文课》《语文课Ⅱ》《语文课Ⅲ》《如何有章法地读透名著》等。

挣脱成见，让我们的内心无限度地贴近课堂，将教师的自我成长与学生的成长关联在一起，充分唤醒课堂里那些"沉睡""丰富"且重要的东西，唯有如此，我们才可以将自我认知向前有力地推进一些。

这里说的"我们"，是包括我自己在内的语文教师。

沿着课一直走下去就会遇到"人"

我要深切地感谢我的学生，如若缺少了他们的推动与引领——不错，是引领——我们对于课堂与教育规律最核心的认知，可能几十年徘徊不前甚至不断萎缩后退。没有学生内在辽阔无边求知愿望的牵动与沉浸于课堂中内心那种愉悦蓬勃状态的感染，我们对于课堂的认知就不能来得真切、自然、深入，直抵要旨。我们脆弱的认知就会被外界不断地改造，被种种迷雾、误解、偏识所影响与隔断，而这一切恰恰是造成教师职业倦怠与内心荒芜最重要的原因。

当然，教师也会对学生构成重要的引领。真实的教育规律告诉我们，学生往往是因为遇见一个人改变了一件事。一门学科并非孤立存在，它是伴随一个人（教师）而得以存在的。教育非常重要的一个规律便是师生之间的这种相互开启与引领。我们都是蜡烛，又都是彼此的火柴。

在我进入北京四中任教之后，我对于课堂的探索驶入了"高速公路"。学生旺盛、纯洁、饱满的求知欲望与探索愿望，再加之我原本就对自己的课堂充满了虔诚的渴望，二者相得益彰，互为表里，密切配合，帮助我沿着课堂求索之路一路疾驰而下。

在与语言美好艰难的摩擦撞击之中，我与学生生出了共同的课堂期盼，一节一节的课，在无尽高远之处召唤着我们，我们都兴致勃勃，跃跃欲试。我好像对自己的课堂进入了一种痴迷的状态，深陷其中，不可自拔。我在课堂深处遇到了一个个更为完整与充分的"人"。

课堂中"三个人"的魅力

教育最核心的规律与魅力，不是要求什么，而是影响了什么；不是给予了什么，而是启发了什么；不是夯实了什么，而是柔软了什么；不是外在表现了什么，而是内在承认了什么……基于以上认知，在教育中，人对人的影响无疑是深刻而内在的。

这第一个"人"就是课文作者。我们沿着语言的通道，就是要与这个"人"以及他笔下所展开的世界交融。汪曾祺先生在《钓鱼的医生》中，塑造了王淡人这位钓鱼的医生，他写道：

王淡人的医室里挂着一副郑板桥写的（木板刻印的）对子："一庭春雨瓢儿菜，满架秋风扁豆花。"

一副对联将王淡人的精神气韵浮雕而出，在世人的眼光中，平朴的王淡人却飘逸着满身的风雅。这风雅是一种秀美挺阔的精神气韵。"一庭春雨"与"满架秋风"，孕育与搭建出的是雅致、风范、磊落。他的风雅不酸腐，不柔弱，与平朴自然、醇厚美好的日常生活融为一体。他的生活质朴而有味，平淡却有范儿。这个"范儿"是王淡人的精神与灵魂之光，照亮全篇。读罢，令人难以忘怀。钓鱼的医生所具有的灵魂"范儿"，正是汪曾祺自己的灵魂自然而内在的投射。所谓教育，不就是帮助人长出并呵护人的灵魂之光吗？教育是帮助"人"进行自然内在的自我生命发现，这个发现一旦在师生的心魂上完成，整个"人"不但是幸福的，而且是有光亮的。

这第二个"人"是教师自己。我们一直以为教学是在教学生，而教学更内在、更丰富的力量恰恰是在影响教师自己。我们在自己的课堂里发育并成长。课堂可以延伸到哪里，更完整的那个自己便可以延伸到哪里。从某种意义上说，我们的课堂是与自己精神思想的尺幅等长的。我们的课到了哪里，我们更完整意义上的那个"人"便到了哪里，反之亦然。课堂可以无限延展我们的那个"自己"，也可以限制我们的那个"自己"。

这第三个"人"是学生自己。美好内在的课堂是一种经历，在这种充分自然的经历中，会有感受，会有理解，会有触及，会有诞生，会有放弃……真正内在的教育诞生在人无限辽阔与丰富的内部世界中。教育就是让"人"的心，走了很远很远的路才回来。这段很远很远的路程，就是教育给予人终身受益的东西。

最奇妙的是，在课堂中这三种"人"相互生成，彼此辉映，最终"难解难分"，汇成一片"光"之海洋。

优质课应从教师内心抵达学生内心

优质课不是想出来的，甚至不是"研究"出来的，是一节一节课上出来的。学生状况与我们内心的思想风暴决定着我们对于课堂的理解。

我们常以为课程内容，基于教学方法、课堂组织形式、课程编排方式等就可以顺利到达学生那里，但这种想法常常是一厢情愿，这种到达往往是外在的，不是内在的。外在的抵达也可以构成师生的发展，但外在的抵达最直接的后果就是培养了内部世界无根底的人。

来自教师自己内心深处的课，才有力量与智慧走到学生的内心深处。一节优质的课，经由教师内心的处理后到达学生内心，才能温润而富有价值、美好而带有弹性。这股到达学生内心深处的力量，经过学生内心的赋予与创造，又会形成一道力量，再次有力地折返到教师那里。在这样循环往复的折返传递中，师生在课堂上经历一次次自我的发育与更新。

要把课上到学生的心里，这是教师的向往与追求，但是如何把课上到学生的心里呢？教师首先要把课上到自己的心里。我们不能奢求当教师的灵魂不在场的时候，学生的灵魂却常常在场。

课堂的深度与美源于"人"的互动

决定课堂内在品质的恰恰是那些隐约而柔软、可能不被我们注意的东西。对于课堂，我们必须小心翼翼，从完整意义上"人"的角度去建构。这样学生才能得到更充分与更完整意义上的发展。

我们再来看汪曾祺先生《钓鱼的医生》中的一段话：

王淡人就是这样，给人看病，看"男女内外大小方脉"，做傻事，每天钓鱼。一庭春雨，满架秋风。

"给人看病"，"看'男女内外大小方脉'"，"做傻事"，"每天钓鱼"，这些都是王淡人做的事情，但"一庭春雨，满架秋风"不是，为什么要放在一起呢？请注意"每天钓鱼"后面的句号。"一庭春雨，满架秋风"是王淡人的精神图画与人格象征。

如若我们用心一读，就读出了王淡人的急公好义与潇洒淡泊，他集医士、侠士、隐士、文士于一身，他让平淡的生活生出高贵。"一庭春雨，满架秋风"是王淡人的"范儿"——精神特征与精神气韵。

在课堂的深处住着"人"，也住着一个"社会"，还住着一个"未来"。放弃局限，放弃那些浮于外表的东西，向着课堂美好而宽广的深处去。课堂深处本身便是一种充分的师生相处。在相处中，"人"是彼此深刻影响的。正因为有了"人"丰富的参与，这样的课堂有着优美的弧度、开阔的深度。

教师上过的课，都在慢慢地建构教师的思想。你怎么上课，你的思想就怎么形成；你的课到了哪里，你的思想就到了哪里。

（《中国教育报》2021 年 9 月 17 日第 5 版）

19 从教数学到数学育人

华应龙

——人物介绍——

华应龙，特级教师，正高级教师，首批"首都基础教育名家"。现任北京第二实验小学副校长，北京师范大学、教育部小学校长培训中心兼职教授。荣获北京市政府教学成果一等奖、首届全国教育改革创新奖、首届"明远教育奖"。出版专著有《我就是数学》《华应龙与化错教学》等8本。

教育界以外的朋友都知道，我有一本书叫《我就是数学》，但很多人可能不知道，我还有一本新书叫《我不只是数学》。这，不是玩文字游戏。从《我就是数学》到《我不只是数学》，折射出我从教37年的心路历程。

《我就是数学》

1984年，我从南通师范（如皋师范）学校中师毕业被分配到乡村小学执教。参加工作37年，我与数学相守37载，至今依然是"初恋"。

为了和数学约会，我喜欢上了做数学题，看有关数学的专业书籍。谈祥柏教授的"趣味数学"出一本，我买一本。张景中院士的《数学与哲学》被我翻烂了，我用不同颜色的笔在书上反复做批注。优秀教师写的数学教学专著，对我来说，如同至宝。当年我在江苏农村当教师时，就邮购了北京第二实验小学原校长李烈的《我教小学数学》，捧读之后，我才知道原来数学教学可以那么美。

虽然工作之初，我教了三年体育，教得还不赖，但兼教的数学更是风生水起。虽然我做过主管一个乡镇中学、小学、幼儿园、成人教育的"教办主任"，做得有声有色，《江苏教育报》头版曾以"遨游教海的一条龙"为题进行了报道，但我还是把自己安排到乡村小学执教一个班的数学。虽然曾有机会调到省府坐办公室，但我还是因为舍不得离开数学课堂，谢绝了领导的美意。

在校园里，多数学生叫我"华校长"，偶尔会有学生叫我"华老师"，时常有小调皮叫我"华罗庚"。我写过一篇名为"学生叫我'华罗庚'"的小文章发表在《人民教育》上，我陶醉在孩子们的称呼里。教师就是他所教学科的形象大使。一个真正的数学教师，是一个体现了数学并身体力行的人。

周国平先生在《朝圣的心路》中说："我不想知道你有什么，只想知道你在寻找什么，你就是你所寻找的东西。"我一直在寻找数学，因此，我就是我所寻找的数学了。

"我就是数学"乃是自我安顿、自我期许和自我鞭策。既用数学修身，也用数学育人，还用数学立命。"你是谁？你从哪里来？你要到哪里去？"当自己心里对这三个经典问题的答案比较清楚之后，我气定神闲——我就是数学。

人生的正途是从择善固执到止于至善，有所不为和有所必为。"一生只做一件事。"我的那件事是什么呢？那就是数学。歌德说："谁不能主宰自己，便永远是个奴隶。"我能守望数学，本身就展示了一种精神的力量与理想的感召。

《我不只是数学》

什么是教育？爱因斯坦的回答是："把所学的东西都忘了，剩下的就是教育。"因此，我追问：我们在设计教学和实施教学时是否就该想一想、问一问，自己的教学除了知识，还能给学生留下些什么？

在我的数学课堂，除了数学，我还能带给学生一些什么？

第一，伟人名言。老子的"天下难事，必作于易；天下大事，必作于细""千里之行，始于足下"，孔子的"己所不欲，勿施于人""己欲达而达人"，孟子的"不以规矩，不能成方圆""尽信《书》，则不如无《书》"，王阳明的"满大街都是圣人""知而不行，只是未知""人生大病，只是一傲字"，等等，都是我喜欢和学生分享的。

第二，人生规则。教学"分数的意义"时，我为学生设计了人手一份小练习。学生独立练习之后，进行全班交流。前两道题大家异口同声，没有异议。第三道题，第一个学生报"圈9个苹果"，立马跟上一个响亮的声音："错了，圈12个。"第一个学生"哦"了一声，放弃了。我追问："到底圈几个？"一半学生响亮地说"12个"，有学生疑惑地坚持"9个"，但声音很低。我再问："到底圈几个？"有的说"12个"，有的说"9个"。有学生掉头一看，笑了："老师，卷子不一样啊！"学生们惊呼"上当"，看着老师笑："老师，您真坏！"我微笑着说："笑过之后，有什么收获？"有学生说："我明白了，整体不同，虽然分数相同，但是圈出来的不同。"这是讲分数的相对性。有学生说："虽然整体不同，圈出的结果也不同，但因为都是平均分成4份，取了3份，所以都是用$\frac{3}{4}$来表示。"这是讲分数的意义。有学生说："做事要有自己的原则，不能跟着别人跑。"有学生说："只要自己认真思考过了，就要敢于坚持。"这是讲数学精神。我说："大家说得真好！华老师还想和大家分享一句话：与自己不同的声音，不一定是错的，要站到对方的角度看一看、想一想。"我认为这是讲人生的规则。

借着教学"三角形两边之和大于第三边"，我从头到尾都在讲"成功和失败就差一点点"；教学可能性相等的"游戏公平"时，我不动声色地渗透"孝敬父母"的道理，旗帜鲜明地揭示"一切皆有可能"的人生哲理；教学"抢数游戏"的课尾，我一语道破，"我们没法改变别人，只有改变自己"；教学"买披萨的故事"的课尾，我板书"牵手差错思且行，前方自有新风景"。

第三，哲学故事。2011版数学课程标准重视学生发现问题和提出问题能力的培养，我在数学课上会给学生讲大哲学家维特根斯坦的故事，讲他为什么超越罗素——就因为他总是能发现问题。新数学课程标准重视教学生猜想，因此我围绕"我有一个猜想"给学生上了一节数学课。课上，我和学生分享了亚里士多德的猜想——"女人牙齿的颗数要比男人的少"。

第四，科学文化。科学文化是科学创造过程中形成的文化，是开展科学研究所秉承的共同信念和思维方式。我讲"圆的认识"，其实是借助认识圆的过程，和学生分享认识任何一个新事物需要追问的五个问题："是什么？""为什么？""怎么做？""为何这么做？""一定这样吗？"这五个问题虚实结合的多次循环，让学生体验到了研究的乐趣。于是，我说"问号是开启智慧的钥匙"，接着出示爱因斯坦的图片和话语——"我没有什么特别的才能，不过喜欢寻根刨底地追究问题罢了"。

讲"指尖上的数学"，在让学生创造性地记录下数手指的过程后，我组织学生交流欣赏各不相同的记录方法，"各美其美"，再"美美与共"，引导学生发现规律。学生不得要领时，我说："我教你个方法，有一个成语叫'管中窥豹，可见一斑'，从竹管的小孔里看豹，只看到豹身上的一块斑纹，但可以从观察的部分推测到全貌。现在你就看'一指'上的数，你能看出什么特点？"

我的数学课堂上，还有什么呢？电影片段、成语故事、神话传说、民间俗语、神奇魔术等，都被我贯穿到数学教学中。

从《我就是数学》到《我不只是数学》

2012年，叶澜教授在北京召开的"华应龙教学思想研讨会"上说，可以用"求化"两个字概括我的教学追求和教学风格。她说：

第一个"化"是努力将自己对人生、对数学的领悟化到数学教学当中，他把数学和他的人生化为一体，所以他喊出了"我就是数学"，这个听起来有一点儿狂气的话，是他自己愿意把一生跟数学化在一起的表达。

第二个"化"就是在数学教学过程当中，把"趣"字化为严谨的"思"，他从"趣"入手唤起"思"，又以"思"升华"趣"。前面的"趣"是有趣，后面的"趣"则是对数学、对科学这种研究的"趣"，那是一种升华的"趣"。从"有趣"开始，到体会、发现、创造研究的"乐趣"。

第三个"化"是他把人文生活、中国传统文化有意义有价值的东西、他自己领悟了的东西，化到他的学科教学当中，使他的数学教学呈现一种人文的关怀。

第四个"化"就是将课堂上学生在学习过程中呈现的各种各样的资源化成教的资源，把学的资源化成教的资源，通过教把学生思考领悟引入到新的层次，再化为学生真实的学。

第五个"化"是他把难化为易，把易化为深入，把点化为面，把每一节课化到学生的精神生命成长当中，他承担起了一个教师应尽的责任，这就是对学生成长的点化。

十分感谢叶澜教授的肯定！虽不能至，心向往之。从《我就是数学》到《我不只是数学》，从数学教学到数学教育，是我的应然追求。

2014年，在北京第二实验小学，一节四年级研究课上完了，一名男生追出教室问我："华校长，如果您的头脑容量是100，请问数学占百分之几？"

多好的问题啊！我们成年人是问不出这样的好问题的。

想了三秒钟，我摸着他的头答道："我头脑中的东西分两部分，一部分是'数学'，另一部分是'为了数学'。"

不是数学的部分，是基于数学，是在数学中，是为了数学……这可能是我的数学课之所以让人"热泪盈眶"的主要原因。我是小学数学教师，但我不是教数学的，我是用数学来教孩子的。将孩子的数学学习嵌入有意义的生命情境之中，是我的使命。

（《中国教育报》2021 年 11 月 12 日第 5 版）

20 教育艺术的本质在于激励、唤醒和鼓舞

严开明

人物介绍

严开明，广州市第六中学技术科组长，正高级教师，国家"万人计划"教学名师，广东省特级教师，"广东特支计划"教学名师。广州市中小学信息技术教研会副会长，广州市名教师工作室主持人。

我是一名信息技术教师，从事教育教学工作 27 年了，回首从教历程，感受最深的是德国教育家第斯多惠说的这句话："教育艺术的本质不在于传授本领，而在于激励、唤醒和鼓舞。"这句话也是我一直秉持的教学理念——重视唤醒学生内心深处求知的天性，激发学生的内驱力，使学习成为学生主动、自觉的行为，从而提升教学效率和育人效果。

——严开明

破解课堂密码，学生抢跑上课

因为学生普遍不太重视信息技术课，我曾在信息技术教师群中看到一些教师感叹："学生宁可扫雷也不想听课""学生上课无心学习，只想上网、打游戏"……

我们知道，如果学生上课心不在焉，无论教师讲什么，课堂都是低效的，甚至无效的。那怎样才能改变这种状况，

让学生不待扬鞭自奋蹄地主动学习？这是我20多年来一直持续思考、探索、研究的问题。

经过持续多年的课堂观察、教学探索，根据教育心理学理论，我逐步发现有效提升学生兴趣、唤醒学生学习动力、让学生爱上信息技术课程的方法，制定了即时互动反馈、积分升级的信息技术课堂策略和教学评价规则，并且自己编写《知新智慧课堂》软件（知新系统）。这20多年，为落实立德树人的总目标，根据国家信息技术课程标准、教学内容的发展变化，知新系统从单机版到网络版，不断推出新功能。每一个新功能的开发使用，既激发了学生的兴趣，也提升了教师课堂教学的效率。经过多年探索，我已经实现信息技术课程的智慧课堂教学，相应的课题项目获得广东省教学成果奖、广州市教学成果奖。

2008年起，知新系统在全国各地60多所学校（高中、初中、小学）得到自发推广，每年使用人数达数万，很多教师写下了使用过程中的教学叙事案例，其中一位教师写道："下课铃响了，我登录知新系统的教师端，等待学生过来上课。不一会儿，远远听见学生们如百米冲刺般的跑步声，接着是气喘吁吁的声音，学生们进来教室第一件事就是打开知新系统的学生端进行登录，做完此事之后，如释重负地对我大声说：'老师，我终于登录赚了10分了，害我跑得累死了。体育课都没跑这么快。'自从用了此系统后，学生们迟到的现象基本上杜绝了。上节课的科任教师很不解地问我：你的课堂到底有什么吸引他们的地方啊？"

上一个班的学生刚下课，下一个班的学生已经跑步前来："老师，我终于登录赚了10分了，害我跑得累死了。体育课都没跑这么快。"多么熟悉的现象和话语，在我校的课堂里多少届学生重复多少次了，而且各校教师反馈基本一致，这让他们感到非常神奇，知新系统哪来这么大的吸引力呢？

信息技术课程的教学内容有些侧重上机实践，有些侧重理论学习，有些侧重程序设计，教师要依据教学内容采用相应的教学模式。如果长时间固定采用同一种教学模式，学生容易产生厌倦情绪。为调动学生的积极性，活跃课堂气氛，知新系统提供多种教学评价方法，教师可搭配组合应用，例如作品评价就提供了六种评价方法。

知新系统的方法虽多，但总结起来就是基于两个策略。

1. 即时互动反馈策略。

美国心理学家、教育家布鲁姆指出："教学是否有效，取决于它能否成为一个'自我矫正系统'，而要使教学活动成为有自我矫正功能的系统，及时的反馈必不可少。"

计算机网络教室的优势，使得互动反馈过程可以全员参与。知新系统可以帮助教师在课堂提问、课堂管理、作业与作品评价、个人学习情况等方面尽可能给予即时的反馈。学生通过教师的评价，能即时得到肯定和鼓励。学生之间也可以通过网络互动增进友谊。

2. 积分升级策略。

知新系统的积分不同于传统意义的分数，而是把学生的课堂表现、学习过程、作业情况等按一定规则量化成积分，升级由易渐难，积分越多，级别越高，学生之间互动权限越高，功能越多。这样给学生制造成就感，激发学生积极上进的一面，让他们不知不觉地融入到课堂的积分游戏中。

不同学校的反馈如出一辙，不正说明该策略符合学生的心理特点，使学生尝到了其他课堂所没有的成功的喜悦吗？不就是因为这一策略激励和鼓舞了他们的干劲吗？如果我们还能发现这一年龄段的学生更多的心理需求并且适当给予引导、满足，那么我们的课堂就会更加充满吸引力。

运用心理效应，教育事半功倍

叶圣陶先生说："凡为教，目的在于达到不需要教。"英国教育家斯宾塞说："教育中应该尽量鼓励个人发展的过程。应该引导儿童自己进行探讨，自己去推论。给他们讲的应该尽量少些，而引导他们去发现的应该尽量多些。"

在信息学竞赛培训中，我根据学习金字塔理论，通过当小老师、组间竞争等方法，促进师生互动、生生互动，培养学生核心素养，想方设法帮助学生化被动学习为主动学习。

在此过程中，适当运用心理效应，更能激发潜能，事半功倍。

美国心理学家罗森塔尔考察某校，随机从每班抽3名学生共18人写在一张表格上，交给校长，极为认真地说："这18名学生经过科学测定全都是高智商型人才。"半年后，罗森塔尔又来到该校，发现这18名学生的确超出一般，长进很大，再后来这18人全都在不同的岗位上干出了非凡的成绩。这个效应称为"罗森塔尔效应"。

无意间我也当了一回罗森塔尔。小玥在初一上学期，一直都不起眼，上课躲在人群中，成绩也不引人注意，处于中等偏下的位置，按他个人后来的说法就是"当时还在及格线上挣扎"。在初一上学期末，我要求每个学生写一份学习总结，在总结中小玥写道："自己除了完成基本练习外，还不时向集训队的同学请教一些问题。"这个细节让我看到了小玥的勤奋、毅力和上进心。一天放学后，我把他叫到了计算机室单独谈话，我跟他说："我很欣赏你，希望你能给其他同学做个好榜样，尽管现在你还不是最厉害的，跟其他同学还有差距，但我相信经过努力后，你能实现这一目标。"他点了点头，尽管还是将信将疑。

此后，我在上课之时，他有点儿进步我就表扬他，给他鼓劲，制造机会让他表现自己。他也慢慢有了自信。

初一下学期，上学期还不起眼的小玥奋起直追，很快脱颖而出，成为班上的佼佼者。后来经过多年的努力，到了高二，小玥参加了全国信息学奥林匹克竞赛，取得佳绩。

回顾自己的成长，小玥后来写了这段反思：

"我记得严老师在对我们的教育中非常注重方法。鼓励和激励是他的两大法宝。在我刚刚接触计算机编程时，由于抽象思维不强，一开始跟不上、学不会，渐渐变得懈怠，成绩落在了后面。严老师没有放弃对我们这些后进学生的关注。每一次编程课，他都会观察每一名学生的进度如何。每当我取得小小进步，他都会表扬我。这些表扬对于一个年幼的学生是莫大的鼓励，让我不再惧怕学习，最终帮助我提高了成绩。这时候，严老师的鼓励转变成了激励。他时常跟我讲述几位学长的事迹，将他们树为榜样，激励我争取更大的成就。现在我回过头去看，才明白严老师的良苦用心。"

能在教育教学上应用的心理效应还有许多，例如首因效应、超限效应、南风效应、近因效应等，教师若有了解并适时加以运用，相信对开展教学工作会很有帮助。

捕捉育人时机，做好心理辅导

不只是小玥，很多孩子成长的关键事件，我都记得很清楚，因为里面有我对他们付出的爱和心血。有两名高三学生当时在全国信息学奥林匹克联赛最后一轮中考砸了，在回程的车上，他俩流下了眼泪，失魂落魄。晚上7点多在广州中华广场下车后，我留下他俩，跟他们谈了一个多小时，列举了很多事例，安慰他们要勇敢面对竞赛的挫折，鼓励他们自强不息、不懈奋斗、厚积薄发，定能一鸣惊人。

七年后，获得名校硕士学位、双双成为软件工程师的两名学生不忘此事，给我发来邮件：

"这对患难兄弟终于成了信息革命的弄潮儿。七年前那晚中华广场的灯火通明，烈士陵园前的车水马龙，一切宛如昨日。严老师的一字一句早已铭刻在我们心里。当年的竞赛奖项今天看来只是一笑而过，而在严老师栽培下锻炼出来的编程能力和算法思维成了我们攻克工程难题的最大利器。"

"梦碎，梦圆，人生的起伏总是变化无常。严老师教给我们的，不仅是编程技能，更是对热爱的坚持，对逆境的乐观，这些才真正让我们成长并且受益终身。发生在我们身上的故事就是广州六中信息学小组的缩影，严老师鼓舞着每一名学生坚持自己的直觉和兴趣，勇敢地追逐梦想。"

每每回想这些案例，我总是阵阵感动。"教育艺术的本质不在于传授本领，而在于激励、唤醒和鼓舞。"教师的表扬、激励可以唤醒学生的内驱力，鼓舞士气，可以激励学生发挥潜能，应对挑战，追求梦想和成功。

廿载心血育芳华，守得梦想花绽放。我的学生毕业后，足迹遍及国内外，他们中有的成长为高校计算机学院院长、博导，有的成长为无人驾驶公司的负责人、首席科学家，有的成长为人工智能实验室的负责人……他们正用自己的聪明才智，编码创造未来、改变世界。我为他们所取得的业绩感到自豪和骄傲。

（《中国教育报》2022年3月18日第9版）

21 以"导图导学"传道授业

江伟英

—人物介绍—

江伟英，华南师范大学附属小学副校长，小学正高级教师，语文特级教师，南粤优秀教育工作者，首批广东省中小学名教师工作室主持人，首批"广东特支计划"教学名师，2016 年入选国家"万人计划"教学名师，教育部"国培计划"中小学骨干教师，广州市天河区教育学会小学语文专委会副会长。

从求学时代，到为人师表，我不断思考：能否有一种既鼓励张扬个性又保护学生天性的课堂？能否让学生的个性化理解与思考在课堂中找到价值？

于是，我将思维导图引入语文课堂，开创了"导图导学"教学法。这一教学探索正是为了遵循学生天性，塑造健全人格，帮助学生跨越学习障碍。"导图导学"教学法倡导通过图画帮助学生唤醒天性、发掘潜能、放飞灵性、训练思维，开启学习的原动力，培养学生的核心素养。

——江伟英

做学生习得方法的"授艺人"

俗话说"授人以鱼不如授人以渔"，学会学习比学会知识更重要。图示语言其实是学生更易接受的语言。十多年来的教育实践证明，"导图导学"教学法能够帮助学生更加直观地理解掌握所学内容，帮助学生逐步成为"善学者"。

在语文教学实践中，"导图导学"教学法可以引导学生运用不同的导图类型将文章中的关键词以及与之相关的其他词汇，如生字词、四字词、成语或叠词等进行有机连接，帮助学生认识文章的主要内容、结构和思路。

例如，学习《白鹅》一课时，学生可以通过主动、反复、深入的阅读与思考，画出个性化的阅读导图。我带领教研团队梳理文章的写作方法，研究文章的各类结构，有效引导学生观察、分辨、预测、组织、应用、表达与判断，并逐步深入，形成画面。当学生在学完《白鹅》的基础之上，再学习《母鸡》《猫》《白公鹅》等同类课文时，就可以运用鱼骨图灵活迁移阅读中习得的知识。

"导图导学"教学法同样有益于写作教学。我帮助学生将作文写作构思过程进一步可视化，引导学生将文章的主题、写作素材按照一定逻辑进行呈现，让学生在下笔之时，有"图"在手，从而更加明晰写作脉络，学会举一反三，解决同类型的写作构思问题。

为了不断优化语文教学，我一边实践，一边总结反思。2009年，我带领的教研团队编写了《思维导图导复习》《思维导图导读写》等系列读本。2010年，我出版了个人教育专著《图解语文》。2013年，我们团队的研究成果《利用思维导图提高小学生读写能力的研究与实践》获广东省基础教育教学成果一等奖，2014年获首届基础教育国家级教学成果二等奖。2017年，我通过研读学习心理学、脑科学、教育学等领域的相关科研成果，并不断结合教学实际，将思维导图应用于教学过程。

做学生童真天性的"守护人"

兴趣是最好的老师。我遵循学生喜爱绘画的天性，让学生通过绘制导图的方式，唤醒学习兴趣，开启自主学习的原动力。

绘制导图的过程，就是弄懂问题的学习过程。它有助于促进学生左右脑协同思考，让学生在实际操作中学会科学思考，实现高效学习。

从课前画导图自学，到课堂上与学伴讨论导图共享学习成果，学生自始至终都处于思维不断拓展的学习状态。而从学生的导图中，我也常常能发现惊喜。记得有一次，在学习《雪孩子》这个故事后，每名学生要结合自己的个人阅读体验，完成一道课后习题：

把句子补充完整：雪孩子变成了天空中的云，那是一朵（　　）的云。

学生们先画导图，再填空。他们导图中画的云朵形态各异，色彩不同。每个人对雪孩子会变成怎样的云，展开了不一样的想象。

其中，有一个小男孩把云画成了黑压压一大片的乌云。我问他："你为什么把云画成黑色的呢？"他默不作声。

旁边的一名学生小声嘀咕："把云画成这样黑压压的一片，乱七八糟的，肯定是不认真画导图，老师要批评他呢！"旁边另一名学生说："是让火灾的黑烟给熏黑了。""嗯，应该是雪孩子离开了小兔，黑压压的乌云表达的是心情灰暗、难过的意思。"又一名学生猜测道。

那个小男孩听了之后直摇头，他腼腆地说："不是的，不是这样的。我想的是，乌云密布就代表要下雪了，大雪落下，雪孩子就可以马上回到小兔身边了……"在场听课的很多教师听了之后，都向那个说话有些腼腆的小男孩投去了欣赏的目光——多么让人惊喜、充满童趣的想象啊！孩子的心里想的不是永别，而是久别之后，必会重逢。

课堂上的时间有限，发言机会更有限，所以，不一定每名学生都有机会说出自己的想法，但他们的内心始终是有自己的想法的，而且每个想法都是独一无二的。

一片黑云，画出了学生丰富的想象和美好的愿望。一幅导图，导出了学生对文本内容的多元化理解，导出了学生阅读该文本后美好、童真的憧憬。

做学生个性思维的"引路人"

就人的发展而言，思维方式是一大核心竞争力。对知识的学习与记忆固然重要，但是思维方式对学生形成良好学习习惯、适应未来挑战，更有着不可估量的作用。我发现，借助导图可以让思维训练与知识学习无缝连接，让课堂教学不仅以教会学生知识为目标，更以学生掌握学习方法、提升思维能力为目标，逐步提升学生的思维品质。

行为是思维的具象化呈现。看学生们笔下的导图，连线或多或少，色彩或浓或淡，关键词多种多样，图标的形状千变万化，便可知学生们的情感思维不尽相同。

有一次学习《小蝌蚪找妈妈》，学生看完我画的导图后，并不满意，他们纷纷展示出自己画的导图，信心满满地告诉我："老师你画的连线不对，我们画的才对！"

我仔细一看，不禁一阵惊喜和赞叹。

我画的导图中，一条条短短的连线直上直下，把上下两部分内容直接连接起来。而学生们画的导图，有的把连线画成了蓝色的水流，有的把连线特意画成一道又一道曲线，模拟"小蝌蚪游啊游"的路线……是啊，这样才能直观表现出小蝌蚪在水里游来游去的灵动模样。

实践出真知。30 年的教学实践使我在可视化思维工具的创新应用中，提炼出了思维导图与语文读写教学相结合的模式，研究并创立了促进儿童语文学科核心素养形成的"导图导学"教学法。"导图导学"教学法是我一直追求的保护天性、张扬个性的学习方式，一种没有标准答案、不设发展上限，甚至可以跨界的学习方式。它是一种从解决具体问题到学会解决同类型问题的思维方法，是一个化外显知识为内隐智慧的学习过程。学生每一次绘制导图，都是在自主记下自己的所思所想；每一次自由选择导图工具，都是在已有知识的基础上进行新知识的整理与消化；每一次广辟蹊径、开阔思路，寻求多种理解的思维过程，都是发现自身潜能、找到自我价值的过程。这个过程所导出的观点与想法，都是个性化的观点与想法。

（《中国教育报》2022 年 4 月 1 日第 9 版）

22 学以为己　知行合一
——我眼中的教师成长之路

李怀源

人物介绍

李怀源，北京教育学院副教授，语文特级教师。中小学语文国家教材建设重点研究基地特聘研究员，教育部"国培计划"专家、中央民族大学硕士生导师，"北京市中小学名师发展工程"实践导师。曾获得首届基础教育国家级教学成果二等奖，北京市基础教育教学成果一等奖。著有《小学语文单元整体教学理论与实务》《小学读整本书教学实施方略》等。

　　人需要一个"参照系"，才不至于迷失自己。自己在专业领域处于什么样的位置，总是在比对中发现的。"不完美"是学习的根本动力，发现自己的不完美，在不同的时间、不同的地点，用不同形式去学习，才能努力让自己变得更完美。教师的成长就是这样一个过程。

——李怀源

师生角色变换，在课堂上互相学习

　　教师学习最好的场所是课堂。我给小学生上过课，给新入职教师上过课，给不同类型的语文教师上过课，也给大学的研究生上过课。在不同的课堂上，作为教师，收获也不同。

　　学会站在学生的立场思考。给小学生上课，一直是我的主要工作。给小学生上课，要想让他们学得好、学得足，就必须站在儿童的立场，一是要思考他们能学会什么，二是要思考他们怎样才能学会。关注"学会什么"，要会在课程、教材、教法的三维视角之下确定教学目标。关注"怎样学会"，就要为小学生设计学习的支架，让他们参与到学习过程中，学会思考和表达。有时候，问题设计的问法出现偏差，学生的思路就会跑到另一条道上。给小学生上课，让我意识到要更加注意用词的精准，设计的活动步骤要明确，设计的学习支架要有用，这样才能让学生能看懂、能执行、有所收获。

在解决问题的过程中发展。给教师上课，要能够解决教师们的现实问题，不能只讲自己擅长或者准备好的内容。比如我给新任小学语文教师上课时，知道他们在学生管理方面没有经验，于是在开始的时候，我就拿自己多年的管理经验与他们分享，比如如何分工打扫卫生、如何保证课间的秩序等，然后再展开语文教学的专题。即使是语文教学方面的内容，也应从他们最关心的课堂教学问题入手。不同阶段的教师，他们要解决的问题是不一样的。同样的内容，要有所侧重。我跟他们一起观看课例，一起分析评价，把他们提出的问题进行归类分析，发现哪些是共性的问题，哪些是某个阶段的问题。这样的过程，让我对教师培训和教师成长规律有了更深层的理解。

在课堂实践中开掘思维深度。给别人上课的同时，我也在北京师范大学读博士。我印象最深的是质性研究课。在课堂上，老师都是采用分组讨论的方式，以小组为单位完成相应的学习任务，关注解决现实的问题。老师一直强调我们是"研究"、是"诊断"而不是"开药方"。研究先要判断有什么问题或者哪里出了问题，而不是凭借朦胧的判断和模糊的经验去干。一线教师付出很多，但多是靠经验在做事。如果不能以研究的视角审视现实问题，就难以发现深层次的原因，就找不到问题的根源。

所以，在教师成长过程中，应该多进行换位思考和体验，在"师"与"生"的不断交叉变化中，才能更好地理解什么是有效的学习，怎样才能让学生更有效地学习。

坚持课题引领，做研究型教师

人总是有惰性的，长久坚持做一件事是需要毅力和韧劲的，做课题研究就是如此。课题研究就像一个"刻度表"，以时间的尺度来衡量所做之事，让人须臾不敢懈怠。不断迭代的研究，总需要在前面的基础上有所进步和发展，就这样一点点地前行，让所做的事更有深度。

通过持续研究提升思维水平。 2000 年，我第一次接触到课题研究。当时的学校申请了山东省"十五"规划课题"构建小学语文实践体系 全面提升学生语文素养"，我参与了课题申请书的撰写，负责其中一项子课题。周六日坐在办公室苦思冥想，终于完成了课题申报书，这个情景一直深深印在我的脑海里。这个课题顺利立项和结题，让我明白，中小学教师做课题研究，并非高不可攀的事情。

后来我先后主持"构建小学单元整体教学实践体系"等一系列"十一五""十二五""十三五"和"十四五"规划课题。之所以不断申请课题，是因为在上一个课题研究的过程中发现了更多的问题需要解决。现在回头看看 20 年来做过的一系列课题研究，其实都是第一次课题的延伸。教师应该成为研究型教师，课题研究对于教师成长的作用很大，围绕一个课题进行多个方面的研究和总结，可以解决自己想弄清楚的问题，并逐渐培养研究思维。但教师不应该为做研究而研究，教师在用课题成果指引自己前进方向的同时，应该多思考教师做课题研究的意义，把研究成果运用到更广阔的领域。

通过总结梳理和成果提炼升华认识。 日常工作总是繁杂的，即使是课题研究，也要面对琐碎的日常。在工作中解决了很多问题，获得了很多经验，但是，什么是拿得出来的，什么是值得向别人展示的，都需要不断地梳理、提炼，不断地去粗取精。

成果的总结能让人的认识从隐性变为显性。课题成果的提炼，是在研究过程中发生的，但教师在课题开始之时就要对结题的成果有预测。教学成果提炼的过程就是一个自我能力提升的过程。我多次参加各级教学成果奖评选，主持的"小学单元整体课程实施与评价体系"获首届基础教育国家级教学成果二等奖，主持的"小学语文整体教学理论与实践体系研究"获北京市 2017 年基础教育教学成果一等奖。在成果的评审过程中，听取不同专家、不同老师的意见，反复修改，这样的过程对于提炼能力和表达能力是很好的锻炼。

扎根脚下土地，走出"钟摆效应"

教学成果的呈现有多种形式，一是课题结题报告，二是教学成果申报书，再就是各种图书。不断地写各种报告，自己的教学思想就逐渐清晰了。一个教师，只有不断地提炼，让研究成果固化下来，才不至于在教学中"摇摆"。教学的"钟摆效应"，就是因为总是忘记过去曾经做过什么。

我先后出版图书多种，有供教师阅读的《小学语文单元整体教学理论与实务》《小学读整本书教学实施方略》等，也有供小学生阅读和供家长阅读的。与出版社编辑、一线教师、学生和家长深度接触的过程也是学习的过程，是不同角度的学习——编辑的要求让我更严谨，一线教师让我更审慎，学生和家长让我更贴近现实问题。

一个人的成长离不开脚下的土地。在什么样的土地上成长，需要自己不断适应，也需要不断地寻找，关键是要清楚什么样的土地是自己需要的。教师为了实现更好的成长和发展，需要不断调整自己，但不能频繁更换领域，而应该扎根在这片土地上，充分地生长与舒展。

教师成长最大的动力就是以修行的姿态不断地解决自己的问题。教师学习是一件既简单又困难的事儿。教师学习需要有情怀，以知行合一对待生活；教师学习要有严谨治学的精神，以融合态度对待学问；教师学习要有专业要求，以敬畏之心对待学生。

从自我经验出发，我认为教师成长有三点很重要：一是要有发展规划，找到人生榜样，然后按照他们的样子去成长；二是要有行动策略，以研究的姿态，一生只做一件事；三是要有终极目标，那就是学以为己，影响他人。

教师也可以成为时代的育人英雄。我们的一小步，就是教育的一大步。

（《中国教育报》2022 年 4 月 8 日第 9 版）

23 "加减"中跑出成长加速度

郑美玲

人物介绍

郑美玲，郑州枫杨外国语学校语文正高级教师、特级教师。河南省高层次人才特殊支持"中原千人计划"中原领军人才、中原教学名师，河南省首批十大中原名师，河南省教育教学指导委员会委员，河南师范大学教育硕士研究生导师；河南省五一劳动奖章获得者，曾获得河南省基础教育教学成果一等奖。

从教 24 年来，我对"教学相长"的"教"的理解，从读四声变为读一声（"教"读四声，强调指导、训诲；"教"读一声，表示传授知识与技能）。我一直工作在教学一线，教和学都让我成长，让我与学生共同成长进步。

打磨课堂＋提炼沉淀 = 塑造风格

回首教学初期，我最朴素的想法就是成为学生喜欢的教师，希望学生因为喜欢我这位教师而喜欢上我教的这门课程——"我即语文"。

模仿是主调，借鉴是良方。当时的我听了优秀教师的观摩课，回来马上细嚼慢咽；看到杂志上的好课例，赶紧在自己的课堂上实验；甚至外出参会听到几句理念，也能挤出"营养"来。

年轻教师有一个共性弱点，那就是备课时轻视对文本的研读而将重心全部放在教学设计上——重视怎么教，却忽视教什么；关注教学设计上有什么亮点，而不去深度思考为什么要这样设计。

记得一次地市教研员来听课，当教研员指出我在课堂上讲得过多之后，我才意识到自己犯了年轻教师上课的通病——恨不得把一切都告诉学生。正是因为缺少对文本的研读、对学情的了解、对知识体系的全面梳理，才会导致教学缺乏取舍、无法确立准确的教学目标。

青年教师要时刻提醒自己，备课时不能把教学目标形式化，要明确教什么、为什么教，认真研读文本，一点点改毛病。这一切努力都是为了打磨课堂、提炼沉淀，从而塑造风格。

问题意识 - 惯性思维 = 深入研究

2002 年，面对当时课标提出的"自主、合作、探究"学习方法，我主动申请上市级公开观摩课。在《生命　生命》一课的课堂上，我创新性地让学生自主选取语句赏析，四人为一小组合作探究问题。之后，我代表地市参加了河南省优质课大赛，在市教研员给我磨课的过程中，我逐渐懂得，课堂不是单纯要让学生喜欢，更要教会学生与文本对话，从文中读出作者、读出自己。

多年从教，能积累教学经验，但同时也容易让人产生惯性思维。青年教师如何避免惯性思维对教学产生负面影响？对策就是不断反思，不断开拓边界。上公开课、参加赛课，其实就是在反复"照镜子"，要逐渐从关注自己的教转向关注学生的学。教学过程中要做到"四清"，即板块让环节清晰（诗意不随意）、活动让学习清楚（真实不老实）、线索让设计清新（简约不简单）、亮点让思考清醒（轻巧不轻浅）。同时，我在教学过程中总结出"三做""三别做"：做有心人别做空心人，考虑怎么教，更要考虑学生怎么学；做设计师别做搬运工，考虑怎么创新，更要考虑紧扣素养点；做观课者别做授课者，考虑怎么上，更要考虑怎么更有效。

坚持不断地探索和深入研究才能避免陷入教学瓶颈期。2018 年我开始接触审辨式思维，探索以学生活动为载体，以语言学用为抓手，以审辨思维为支架，以逻辑能力为核心，以深度学习为目的的教学实践。思维训练是课堂优质教学的必经之路。语文教师应注重在学用语言的过程中训练学生的审辨性思维，指导学生思辨性阅读，尝试写作教学序列化和高阶思维培养的专项研究与实践。

朴素教学＋工匠精神＝拔节成长

教书二十余载，我时常问自己，在课堂教学中，教师究竟该站在哪里？

第一，教师要站在教材之上。教师应对教材有加工整合的意识。如：比较阅读是初中语文教学中常见的阅读方法。比较阅读课，应把内容或写法相近或相对的一组文章放在一起对比着进行阅读，结合两文的共同点或不同点，根据课标要求设计教学内容，组织学生达成学习目标。其目的是希望学生能借此开阔眼界、活跃思想，使认识更加充分、深刻，又可以看到差别，把握特点，提高鉴赏力。

第二，教师要站在学生学习的起点上。有针对性的教学才可能是有效的教学。学生学习的起点就是课堂教学的起点，是教师据以进行课堂讲解的出发点，包括知识起点和学生起点，也是学科体系的逻辑起点和学生实际掌握情况的现实起点。逻辑起点是指按照教材学习的进度，学生应该具有的知识基础；现实起点即学生学习这些新内容必须借助的知识准备和经验积累情况。教师应在两者之间构建学生的最近发展区，据此调高或调低教学起点。

第三，教师要站在学生的心中。教师要深入学生的心灵，找到学生心灵和课程内容在这节课的契合点。比如语文七年级下册第六单元的整个内容都与探险、英雄有关，教师在教学时，如何准确把握学生与该单元课程的情感共鸣点？学生对英雄的崇拜不言而喻，对英雄的态度与情感，就成了学生的兴趣触发点。英雄值不值得被崇敬？英雄的价值到底体现在哪些方面？我们应该从英雄身上获取哪些人生的智慧，从而成就我们自己的卓越人生？这就是学生和课程内容、教材选文在这一单元的契合点。

第四，教师要站在学生活动中。很多青年教师不注重设计教学活动，认为学生学习活动的随机性往往会导致课堂效率低。为了增强活动的有效性，教师在课堂教学设计时，应把教学活动和学生的学习活动视为同样重要的两大块主要内容。师生的活动应该互相配合，共同走向相同的教学目标。教师不能为活动而活动，活动是为了促进学生的理解，推进学生的发展。

第五，教师要站在学生的身后。在教学过程中，教师要站在学生的身后，帮助学生发现活动中存在的问题，充分了解学生学习上遇到的困难。当讨论没有必要进行的时候，教师可以终止讨论；在讨论进行不下去的时候，教师应该给学生支支招，或者点评一下活动的情况，引导学生反思，让讨论深入下去。教师既要不干扰学生的互动，也要为自己留下充分的智慧空间，让学生做风景，自己做背景。

教师应实实在在回归教育本源，践行朴素教学理念。教师要用工匠精神对待每一节课，精益求精，努力做到"三实"。

一是努力做到问题真实深邃。要避免伪问题、伪对话（没有探究价值、没有激发思辨），提出突破表层感觉的真问题，对学生的初始感知有所触动、有所冲击；要避免文本表面滑行，提出进入深层思考的问题。

二是努力做到研读扎实深刻。要避免搜现成课件和案例而丧失对教材原始状态的解读，研读必须读出自己的真见解；要避免局限于对字句段的赏析而丧失对全文写作技巧的语理分析解读，研读必须读清、读透作者的思路。

三是努力做到教学踏实有效。每次上课前后，我都要问自己三个问题：我要带学生去哪里？我如何带学生到那里？我是否已带学生到达那里？每次备课时，我也不断提醒自己做到三个侧重：要侧重高阶思维训练，避免不能探抵学生的最近发展区；要侧重学生整体训练，避免仅有个别学生参与和碎问碎答；要侧重学用语言活动，避免机械教学，从而实现围绕理解的教学。

（《中国教育报》2022年5月6日第9版）

24 在教学四"变"中走向新我

王咏梅

人 物 介 绍

王咏梅，江苏省盐城市第一小学英语教师，国家"万人计划"教学名师、正高级教师、江苏省特级教师、盐城市名师工作室领航名师。先后出版专著《小学英语教学论》《小学英语课程论》《小学英语O2O阅读课程》，主持江苏省"333"高层次人才科研项目"小学英语课外阅读O2O课程体系的构建与实施"。

小学英语教学中存在着许多辩证统一的关系，如形式与内容、工具性与人文性、教师主导与学生主体、微观与宏观等。如果教师用辩证的眼光来看待，就能从中发现问题、提出问题，继而分析问题和解决问题，教学就会从表层走向深层，教学思想也会从肤浅走向深刻。

——王咏梅

关注形式，更要关注内容

1996年，江苏省盐城市第一小学开全市先河，率先在小学开设英语课。那时候，小学英语教学还处于探索和实验阶段，没有成熟理论的支撑，没有成功经验可借鉴。版本单一的教材、形式各异的教法、褒贬不一的评说，冲击着小学英语这块刚刚开垦的处女地。

在中学工作八年的我调到小学任教，成为盐城市首批小学英语教师。英语作为一门语言学科，语言情境有着至关重要的作用。针对我国小学生学习英语缺乏语言情境的社会大环境，我尝试改变英语学习的班级小环境，利用实物、图片、服装、道具、视频等新颖有趣的教学媒体，创设真实的或半真实的语言情境，让学生身临其境地感受语言，运用所学语言进行交际。根据小学生活泼好动、表现欲强、擅长表演等特点，我将课文改编成情景剧，将教室打造成微型剧场，让学生进行角色表演，开展语言实践活动。经过五年的教学实验，我构建起活动法教学模式，通过语言实践活动，提升学生的语言表达、合作交流和实践创新等综合素质。

2001 年，我参加江苏省小学英语优质课竞赛，课题是 In a toy shop（在玩具店）。在那个多媒体教学刚刚起步的年代，我和学校的电教教师花了几天几夜的时间将课本中静止的图片变成可以活动的动画，用 KT 板打造玩具店的模型，将各种实物玩具带进课堂，让学生穿上营业员的服装，进行角色表演，在创设情境和活动设计上下足了功夫。丰富的教学媒体刺激了学生的感官，学生情绪兴奋，发言积极，课堂气氛活跃。这节课的设计理念、呈现效果得到了专家和与会教师的一致好评。

比赛结束后，我静静地坐在办公室里，拿出比赛时录制的教学光盘反复观看，反思自己的教学得失。慢慢地，成功的喜悦一点点退去，取而代之的是越来越强烈的不安。我发现精心设计的这节课，其实是一节形式大于内容的课，是一节华而不实的课。为了追求教学现场的轰动效应，我将更多的时间和精力用于情境的创设，而忽视了语言本身的内容。教学形式是为教学内容服务的，不应该盲目追求形式的丰富和表面的热闹。从关注教学形式转变为更多地关注教学内容，在解读文本和钻研教材上多下功夫，关注语言表象背后的语言本质，课堂的风格才能从"哗众取宠"走向沉稳扎实。

关注工具性，更要关注人文性

2009 年，我在山西省太原市参加全国小学教学特色设计大赛暨名师特色教学观摩研讨会，执教的课题是 Halloween（万圣节前夜）。试教的时候，我总觉得缺少点儿什么，效果不尽如人意。就在我觉得山穷水尽的时候，忽然头脑中灵光一闪，万圣节是西方国家的节日，它代表的是西方的文化。我这节课不就是缺少一点儿文化味吗？于是，我重新设计教案，有效渗透文化的元素。在呈现环节，我利用多媒体课件播放迪士尼动画片片头曲，让学生对万圣节有一个感性的认识。然后，我利用收集到的万圣节图片，配上文字介绍，做了一个介绍万圣节的短视频，让学生了解万圣节的由来和节日活动，并带领学生做 trick or treat（"不给糖果就捣蛋"，万圣节前夜孩子们敲门要糖果时说的话）的游戏，让学生在模拟情境中切身体验西方孩子过万圣节的快乐心情。这样的设计让学生体验到英语国家的文化氛围，了解英语国家文化与本国文化的差异，提高对文化差异的敏感性，培养了初步的文化意识。另外，在文化背景下的语言实践活动，有着特定的话题和语境，容易让学生养成使用英语思维的习惯，提高跨文化交际能力。

这节课的设计过程，让我明白，语言作为一个重要的交际工具，并不是独立存在的。语言是文化的载体，文化是语言的灵魂。英语教学的过程不只是单纯的英语知识传授过程，也是一个文化意识的培养过程。让学生了解一点儿文化知识，有利于他们客观看待世界，树立国际视野，培养家国情怀，坚定文化自信，形成正确的文化观、世界观、人生观与价值观。从关注语言到关注文化，实质上就是从语言的工具性走向语言的人文性。

关注教师的教，更要关注学生的学

2020 年，我在江苏省"教海领航"小学英语观摩研讨活动中应邀上示范课，课题是 The juicy fruit tree（美味果树）。为了培养学生自主阅读的能力，我尝试用"阅读圈"的教学模式进行教学。我将全班学生分成几个阅读小组，即阅读圈。每个阅读圈包含六个角色，分别是阅读组长、单词大师、文章解读者、文化小使者、生活小记者和演出汇报者。每个角色承担一定的阅读任务。阅读组长负责组织小组成员进行讨论，根据故事内容设计思考性的问题，让小组成员发表意见；单词大师负责找出生词，查阅词典后，讲解给组员听；文章解读者负责根据故事内容分析故事，解答同学们的疑问；文化小使者负责寻找故事中令人印象深刻、发人深省的好词好句，挖掘其中深刻的内涵；生活小记者负责从故事中探寻与自身生活和学习相关的现象，并了解同学们从中得到什么启发；演出汇报者负责故事的角色分配，汇报本组合作阅读成果。

为了确保教学活动顺利进行，课前我对学生进行了角色训练。上课时，我呈现完本节课的教学内容，抛出阅读任务单后，就放手让学生自己阅读，而我则退到旁边静静地观察。在观察中，我看到了许多以往没有看到过的东西——没有教师的指导，学生在安静地阅读，独立地思考；在阅读过程中，有人遇到困难，小声地和同伴交流讨论；在阅读组长的带领下，大家分工协作，展开互助阅读，倾听他人，表达自己；平时沉默寡言的学生，也参与到讨论中，发表自己的观点。阅读圈里所有的学生都全身心投入到学习中。

这堂课给我很大的触动，也让我反思：在教学设计中，我们应关注教师的教，还是关注学生的学？在教学中如何做到以学生为主体？这两个问题早已达成共识，但是，在具体的教学实践中，又有多少教师能真正做到呢？无论是什么样的教学，最终的目标都是指向学生的学习。眼中有学生，心中有学生，教学才会变得丰盈和丰富。只有以学生为本，让学生全身心投入到学习中，学习才会真正发生。英语课堂要让学生真正成为语言学习的主体，让他们在学习的主动性、主体性与能动性中发现自我，才能实现语言本质和主体精神的和谐共生，实现学科育人的价值回归。

关注宏观改革，更要关注微观探索

在课程改革的过程中，隐含着许多辩证统一的关系，比如大与小、微观与宏观。许多课程专家从大局出发，提出了一些新鲜的概念，如大概念、大单元、大阅读等。作为一名普通的一线教师，如果望大兴叹，只能空有大志。我认为，不妨反其道而行之，尝试化大为小，从小处入手，在细微处用心，于细微处行动，随着教学经验的积累和教学视野的开阔，研究的范围再逐渐由微观扩展到宏观。

其实，大与小并不矛盾，有大必有小，有小必有大。我列举的几个教学案例，都是教学中的几件小事，但这些不起眼的教学细节，却揭示了教育的个体和整体的逻辑关系，蕴含着教育的特殊性和普遍性的辩证关系，从中可以因小见大，见微知著。我们身处教学一线，站在课程改革的最前沿，掌握教学实验的第一手资料，只要能够从大处着眼，从小处入手，并能小中见大，大中见小，坚持不懈，锲而不舍，小事情也能做出大文章。

回顾 30 多年的教学生涯，我从一个学习者、实践者转变成为研究者和校本课程的设计者。唯物辩证法的基本规律除了对立统一之外，还有一个是否定之否定。我正是用这样的哲学思想，用辩证的思维去审视自己的课堂教学，反思自己的教学行为，并在不断否定中重建课堂，重建教学，也重建自己。

（《中国教育报》2022 年 6 月 7 日第 9 版）

25　化问题为契机，与生共进

李先军

——
人
物
介
绍
——

李先军，湖北省襄阳市第四中学化学教师，正高级教师，湖北省特级教师，现任湖北省十堰龙门学校襄阳四中高中部执行校长。发表论文100多篇，出版《教师的责任与担当》《教书关键在育人》等专著，在个人微信公众号"湖北名师李先军谈教育"发表原创文章800多篇。工作30年，带过10届毕业生，担任班主任25年，2021年获得学生家长颁发的"最佳老父亲"奖。

总有学生认为化学不好学，也总有教师认为化学不好教，还有许多人说化学是理科中的文科，需要死记硬背。这些观点我都不认可。

我的学生没有化学作业本，更没有寒假作业、暑假作业；我不仅不占用化学课堂外的时间，反而经常在课堂上讲与化学"无关"的事，但班级化学成绩总是名列前茅。我的课堂总是轻松愉快，每次下课时总有学生感叹"这么快就下课了?!"

为什么呢？我一直认为，教师要善于在课堂互动中发现问题、捕捉契机，在教学反思中力求与学生共进。

"以教为学"激发热情

刚入校成为一名教师时，我不太会教书，生搬硬套地写教案，然后照本宣科。那时候的我年轻、自大、自以为是，然而学生评教的结果给了我当头一棒。看到那最低的分数和落后的名次，我产生了危机感，但也暗自下决心——要成为受学生欢迎的老师！

以生为本，就要认真对待学生的意见。于是，我找几个学生座谈，学生们直言不讳：照本宣科，课堂干瘪；没有拓展，课堂缺少生机。

问题找到了，如何改进？认真思考之后，我理出了三条思路：第一，要学会处理教材，要有自己的讲课思路，不能完全按照教材顺序；第二，对于教材中的容易点，可以适当拓展，对于教材中的难点，要适当分散，或者设置台阶；第三，邀请学生当小老师来讲课。

于是，我迈出了改变的第一步——利用课堂上的前三分钟做好教学铺垫。比如讲氨气之前，我就做氨气与氯化氢生成白烟的实验；讲合成氨之前，我就找相关的化学史内容请学生读；讲硫酸之前，我就与学生分享运输硫酸的车在高速公路上侧翻的新闻资料。

没想到这个小小的改变起到了立竿见影的效果。学生们学习化学的热情高涨，每天都期待着化学课，上课听讲也格外专注。

起初，设计这三分钟的内容，确实是有完成任务的性质，但久而久之，渐渐成了我的教学习惯和课堂特色。学生受益，我更受益。毕业多年的学生对此还津津乐道，这也让我心生成就感。为了让这三分钟的教学铺垫更加契合课堂，我在寻找、挑选资料时更加积极用心。教学的良性循环就此形成。

第二步，我决定开始让学生讲课。

在此之前我总有顾虑：一是担心学生讲不透；二是担心学生耗费太多的时间来准备，影响其他课程的学习；三是担心听课的学生有意见。但实践结果证明，我的顾虑纯属多余。小老师们一个个准备得非常充分，学生也听得格外认真。让学生轮流担任小老师，不仅可以培养学生的胆量和表达能力，而且更重要的是，我发现凡是经过精心准备的讲课内容，小老师都掌握得非常扎实。这正检验了一个理论——以教为学，教别人的过程也是自己学习的过程。

"学生提问"彰显生机

之前，我对"教学相长"没有太多理解。直到有一天，一个学生在课堂上的提问，让我对这一教育理念有了更深刻的体会。当时，学生问我："煎鱼的时候为什么要放点儿醋，还要放点儿白酒？"我一时语塞，查阅资料后我向学生解释原理：原来鱼呈现腥味的胺类物质显碱性，显酸性的醋可以将它中和，这样就没有腥味了，再放点儿酒，酒和醋会发生反应生成有香味的酯类物质。

学生的这次提问，让我明白了"教学相长"的道理。之后，我天天催学生给我提问题，可以当面提，也可以写纸条。学生也从最初的拘谨到后来的无话不说，他们提的问题五花八门，有与化学相关的，也有与化学毫无关联的，但只要学生提问，我就会认真、耐心、尽力地回答，或者利用课间跟他们讨论。因为我知道，学生乐于向老师提问，这是一份亲近、一份信任，是相互成长的力量源泉。

面对学生千奇百怪的问题，我每天的备课量大增，但内心无比充实，乐在其中。但随后，我也意识到一个问题：回答学生问题，只能解决一个具体的问题，引导学生利用所学知识思考问题才是关键。

于是，我尝试改变策略，侧重引导学生学会思考，并通过思考自主解决问题。学生问："喝大骨头汤真的能补钙吗？"我就反问："骨头的主要化学成分是什么？磷酸钙的溶解性怎么样？要使磷酸钙溶解平衡向右移动，我们可以怎么做？"学生问："维生素C与虾同吃真的等于吃砒霜吗？"我就引导学生："海鲜里的砷主要以有机砷的形式存在，无机砷的含量在海鲜里最多不超过总砷含量的4%，而有机砷的危害非常之小。我国规定生鲜虾蟹类无机砷的上限是0.5毫克/千克。对于健康的成年人来说，砒霜的经口致死量为100～300毫克。那么按最低的100毫克砒霜来算，其中含有砷元素75毫克，我们来计算一下，一顿吃多少虾才有可能被毒死？"学生思考后告诉我："150 千克！"他们自己找到了问题的答案。

类似的问题还有很多，我都引导学生自己去思考、去解决。对于学生没法解决的问题，我就指导学生查阅资料，尽可能让学生感受思考问题、解决问题的过程。

"额外任务"夯实课堂

生活是学习的大课堂。学校一直鼓励教师开设选修课，我根据化学学科特点，并结合学生的兴趣与需求，申报开设了选修课"生活中的化学"。在为这门课编写讲义的过程中，我深刻体会到化学与生活的密切关系，并提炼出课程目标——学好化学，提高生活质量。

在备课的过程中，我有意识地观察生活中的化学细节，积极收集讲课素材。比如，在海边旅游时，我看到水泥柱里的钢筋棍锈迹斑斑，把水泥柱都撑破了，我赶紧拍张照片，留着在课堂上讲电化学腐蚀时使用。

"三聚氰胺"新闻事件发生后，有学生不明白奶粉中怎么会添加三聚氰胺，我就列出三聚氰胺的分子式，让学生明白三聚氰胺是含氮量较高的有机化合物，而检测机构常通过测定奶粉中的氮元素含量来推知奶粉中的蛋白质含量，添加三聚氰胺会使得奶粉的蛋白质测试含量虚高，从而在检测中蒙混过关。

还有学生对于学习和生活中的不确定性表示忧虑，我就从化学角度引导他们：化学变化每时每刻都在我们身上、在我们身边发生，变化才是常态。对于不确定性，一方面要敢于直面，积极应对，另一方面要充分认识到，正因为有了这些不确定性，我们才得以发展、成长。

课堂之外的一件件事看似是额外任务，但额外任务不是负担，而是把课讲好的契机。想要备好一节课，绝非仅仅备了知识、备了流程就能实现，还要从生活中不断汲取养料、不断积累经验，才能真正备好一节课。

同时，这个体会也启发我拓展思路——要在课堂上给学生布置额外任务。

有一段时间，人们对食品添加剂谈之色变，似乎离食品添加剂越远越安全。我在课堂上从此话题切入，给学生讲解各种添加剂的化学原理，让他们知道防腐剂如何延长食品保存期，食用香料、乳化剂、增稠剂怎样提高食品的感官体验，营养强化剂（加碘盐、加铁酱油等）如何提高食品的营养价值，如果没有石膏、葡萄糖酸-δ-内酯等凝固剂我们就吃不到豆腐，等等。讲完后，我安排了一项"额外任务"，让学生回家给自己的父母普及添加剂的化学知识，"如果父母能听懂，说明你们真的明白了"。

回首30年的教学生涯，我一直围着讲台忙得不亦乐乎。至今还记得多年前的一节化学课上，学生突然举手问我："李老师，你的目标是什么？"我一时有些尴尬，不知道如何回答是好，大脑飞速运转中，一个答案脱口而出："我想成为特级教师。"学生们瞬间睁大眼睛看着我。我感觉有些下不来台，只好假装镇定，又大声重复了一遍："嗯，我想成为特级教师，希望你们多帮助我！"这节课成了我教学生涯的一个转折点。之后的每一节课，学生们仿佛一下子懂事多了，我也在他们的鼓励下以更高标准要求自己。多年来的课堂互动中，学生是主角，帮助我发现问题、捕捉契机。我深刻地明白：是我的学生成就了我。

（《中国教育报》2022年7月8日第9版）

26 如何做一个体育"明师"

蔡福全

—

人物介绍

—

蔡福全，体育特级教师、全国优秀教师、全国优秀体育教师金质奖章获得者、全国学校体育名师教改联盟首席专家，荣获"体坛英豪　教苑楷模"奖牌。

曾任北京市东城区教委主任、教育工委书记、中国高等教育学会体育专业委员会副理事长、中国教育学会体育与卫生分会副理事长，体育教学事迹收入《中国体育人才大典》《中国当代教育名人辞典》等。

学生都希望有"明师"指教，这个明不是名人的名，而是明白的明。明白的教师把学生领到窗前捅破窗纸，使其看到知识的海洋；不明白的教师也把学生领到窗前，可捅的是窗框，误人子弟。显然，学生和社会都需要明白的教师。

多看三类书，做人要像"伞"

全国著名学校体育专家王占春先生曾说：优秀的体育教师要关注体育专业类书籍、综合学科共性特点类书籍、辩证法类书籍，充实自己的头脑，锤炼本领，提高能力，进而实现可持续发展。

体育专业类书籍可以丰富知识、启发思维，帮助教师说好体育学科的三种语言——政策性语言、业务性语言、大众化语言，能够帮助体育教师夯实专业基础。

综合学科共性特点类书籍可以帮助体育教师开阔视野、

学会迁移，使其能够先说教师的话，再说体育教师的话，展示出教师共性的智慧、气质和美感。

辩证法类书籍注重主观与客观统一，强调动机，重视效果，读此类书籍可以帮助体育教师掌握与不同领域不同层次的人沟通的能力，做有后劲的人，同时养成深入调研的习惯，避免出现"情况不明决心大，底数不清主意多"的问题，做到主客观吻合，知行合一。

"明师"讲课要经常深入浅出，适时深入深出，不要浅入浅出，要避免浅入深出。经常深入浅出，就是要用简练的语言把复杂的事情或道理讲清楚、讲透彻。适时深入深出，就是要深入思考、深刻表述，注意学生的可接受度，一般多用于专业讲座、学术研讨等。不要浅入浅出，是指不能对所讲知识理解不深、讲述浅显，这样不能引起学生共鸣。避免浅入深出，是指对所讲知识没有弄懂，为了面子，讲话时加上一些貌似高深、晦涩难懂的学术名词，这样只会误人害己。

学是知识的不断积累，习是行为的不断实践。学习是进步的源泉。全国优秀体育教研员刘永祥老师是我的恩师，我刚工作两年的时候，刘老师在我不知情的情况下观察过我上的六节课，后来找到我说："你的课有特点，近期上一节高中女生的排球、短跑观摩课吧。"

此课成功之后，刘老师经常指导帮助我，几乎每十天左右就给我写一封短信，主要内容是：你应该看些什么，应该干些什么，应该改些什么，应该写些什么。我虚心向刘老师学习，不断完善自我。十几年来我相继在清华、北大、北师大、华东师大进修，较为系统地学习了教育管理学、教育心理学、运动心理学、社会心理学和管理心理学等方面的知识，为有效实践、做一位明白的教师不断努力着。

多年的经历告诉我，"明师"做人要像"伞"，高调做事撑得住、低调做人放得下。"伞"在下雨时尽全力支持保护着他人，雨过之后，把自己收得小小的，躲在不起眼的地方，生怕影响他人。人用伞时需要"拿得起、撑得住、收得快、放得下"。这里面有时机问题、能力问题、心理问题、境界问题。"撑得住"和"放得下"是关键。明白的体育教师要甘愿做一把受人欢迎的"伞"，有撑得住的力量，有放得下的境界。

既要上好课，又要会评课

上好体育课的标准，很多专家都有论述。我的体会是一节好的体育课要体现在48个字上："育体育心同在、主导主体结合、继承创新相融、运动负荷适宜、锻炼乐趣兼顾、严肃活泼并存、安全保障到位、目标效果统一。"

"育体育心同在"是指身体教育、思想教育、心性培养同等重要，要寓教育于教学之中，以情导情，以情导行。

"主导主体结合"是指教师主导作用的发挥，要体现在尊重学生的主体地位、唤醒学生的主体意识、调动学生主动锻炼的积极性上。

"继承创新相融"是指在继承中发展，在扬弃中创新，才会给学校体育教学带来更多的生机和活力。

"运动负荷适宜"是指运动负荷与密度是体育课区别于其他文化课的显著标志之一，科学加大体育课运动负荷与密度，是改变目前学生体质下降、提高身体素质的重要方法，关键是要掌握好"度"。

"锻炼乐趣兼顾"是指体育锻炼要给人带来乐趣，这是它的价值所在。我们要让学生在锻炼中享受乐趣、锤炼意志，从精神到身体都有收益，培养学生以苦为乐、积极向上的良好品格。

"严肃活泼并存"是指体育课要上得严而不死、活而不乱，张弛有度地体现出动态的静穆性、静态的运动感，彰显动静刚柔结合之美。

"安全保障到位"是指体育教学中必须把安全放在首位，重视一系列安全保障措施的落实，让安全为健康身体保驾护航。

"目标效果统一"是指目标可比喻为射击靶子，是体育课预期的主观设想，效果就是子弹的落点，是对设想的客观验证，体育课要追求相关要素的高度统一。

做到这 48 个字，体育课才能有品、有序、有法、有效果，有趣、有彩、有料、有亮点。

体育教师还要会评课，评课的重点应落在三个方面：看到了什么？学到了什么？需要改变什么？我们平时看到教学的现象不等于看清了，看清了不等于看懂了，看懂了不等于看透了，要透过现象看本质，才能解决真问题。

大胆创新，把体育课教活

体育创新思维是改变旧意识、树立新观念、形成新的思维成果的精神活动，我们要将思维成果运用到实践中，使之得到检验和升华。

中国教育学会体育与卫生分会杨贵仁理事长曾说："学校体育创新就是：大家都这样做时，要审视是否可以那样做；大家在那样做时，应考虑为什么不能这样做呢，这样才能比别人更独特、更有创意。"学校体育创新要从理论和实践的空白点、边缘点、迁移点、交叉点中找答案，这样才能让体育课有特色。长期以来，在学校进行体育教学示范时，教师多以口令方式将四列横队站立的学生调整为前两列蹲下，后两列背手站立的观看队形。实践中，我将有声的口令改为无声的手势调动队伍（手势提示法），并将之作为常规动作在日常教学中运用。在"中韩学校体育交流大会"上，当我所展示的课出现这一教法时，让人眼前一亮。课后韩国的专家说："课上您一打手势学生就知道做什么，真是配合默契！"

体育教学是科学，需要探索，是艺术，需要活力。全国学校体育联盟（教学改革）毛振明主席认为，体育课要把"品"立起来，把"料"充进去，通过有趣的过程，达到有效的结果。

为了在体育课的开始部分就能高度集中学生的注意力，我采用"手势提示法"将四列横队报数 1、2、3、4、5、6、7、8 转换成音符 1、2、3、

4、5、6、7、1，通过教师的手势节拍，让学生模仿钢琴发出的音符声，与此同时做出琴键般的上下蹲起动作。虽然只用两分钟的时间，但它既快速达到了高度集中学生注意力的目的，又产生了音乐美感，陶冶了情操，唤起了学生团队配合的整体意识，效果极好。

　　一位明白的教师只有求实、求是、求索，才能更好地体现人生价值。只有将昨天、今天、明天用学校体育教学规律这条线穿起来，才能不断提高教学的有效性、艺术性。因为，历史是过去的现实，现实是未来的历史，它们相连才有旺盛的生命力。

（《中国教育报》2021 年 6 月 1 日第 9 版）

27　做新时代"四有"体育教师

武云飞

人物介绍

　　武云飞，体育特级教师，江苏省徐州市铜山区教师发展中心体育教研员（退休返聘），徐州市青少年男女排球队总教练，江苏省基础教育体育教学指导委员会专家组成员，全国学校体育联盟（教学改革）理事，发表论文近百篇。

　　"双减"政策要求减轻学生校外培训负担和课内作业负担，促进学生全面发展、健康成长。对体育教师来说，责任更大，教学任务也更重了，因为他们在完成常规教学任务的同时，还要承担课后延时服务的辅导、体育社团活动等工作。体育教师只有树立坚定的理想信念，具备高尚的道德情操、扎实的学识和仁爱之心，才能担负起新时代的历史责任，才能更好地为落实"双减"助力。

理想信念是体育教师的"精神之钙"

　　理想信念是一个人世界观、人生观和价值观最集中的体现，是人生的支柱和灯塔，更是体育教师的"精神之钙"。秉持坚定正确的理想信念，就是要时刻心系祖国人民、爱党敬业，时刻脚踏实地、艰苦奋斗，将成事立业的追求作为精神支撑。

　　体育的学科属性决定了体育教师工作的艰巨性：同样是教书"先生"，其他学科教师是"风不打头雨不打脸"，体育教师却可能要"风里来雨里去";其他学科教师通常教一两个班级,体育教师往往要教更多班级,教学管理的难度更大;除常规的体育课教学外,体育教师还要承担上操、训练、竞赛、延时课辅导等工作。如今,"一专多能""全科样态"是对体育教师,尤其是对偏远地区学校体育教师的必然要求。面对繁重的工作任务,心中有"为党育人,为国育才"的坚定理想信念,才能化压力为动力,抓住"双减"带来的契机,主动想办法克服困难,积极作为,高质量完成各项教学任务,为学生健康成长助力。

学校体育工作的发展,既要靠"大政策",也要靠"小气候"。一个市、一个区、一所学校的体育教育政策好了、风气好了、方向对了,说与做脱节的现象就少了。我所在的徐州市铜山区多年来始终坚持学校体育工作 16 字模式:"全面课程(不缺科项)、全员参与(一个都不能少)、坚持恪守(几十年如一日)、常做常新(与时俱进)。"我觉得,这 16 个字,也是所有学校体育教育应该努力达到的目标。

铜山区还提出学校体育工作及体育教师发展"六个一""三不怕""三能""三会"等要求。"六个一"即体育教师每天至少读书一小时,每周至少写一篇教育教学方面的读书笔记,每月至少精读一本专业杂志,每学期至少有一篇论文(教案)在县(区)级及以上报刊发表或获奖,并上好一节校级及以上的公开课或示范课,每学年撰写一份所教年级校本课程计划或读用记录。"三不怕"即体育教师不怕写、学校体育不怕看、学生体育不怕测。"三能"即具备较好的体能、技能、教能。"三会"即体育教师要会讲、会做、会写。这些方面的要求,为学校体育教学提供了基本规范,为体育教师的成长与发展指明了努力方向。

多年来,铜山区体育教师出版专著、发表专业文章、完成研究课题总量在各学科中名列前茅,连续 20 多年学生体育高考双过线人数、体质健康标准状况均居全省前列。铜山区有近 200 名体育教师进入学校领导、名师或先进工作者行列,体育教师的"文人武风"精神面貌与教学成果,在铜山教育界有目共睹。

做有道德情操的教师应先"立己树人"

"师也者，教之以事而喻诸德者也。"育人的根本在于立德，我认为，教师道德情操的修炼，首先应从"立德树人"下沉为"立己树人"。

教师崇高的师德首先体现在把课上好。我当体育教师时，在上课、上操、组织活动、带运动队时，总是事先做好充分准备，并且至少提前5分钟到场；课中尽力让学生达成本次课的学习目标，学有所获；课后总是最后一个离场。作为一名体育工作者，应时刻做到守"土"有责，守好自己的这片课堂。"其身正，不令而行；其身不正，虽令不从。"我做基层体育教研员近30年，其间先后担任辅导教师评优课、入编的评委以及运动竞赛裁判员等，从来没有一次徇私舞弊，可能管的这片"天地"不大，但必须尽自己所能为这片"天地"里的师生打造一方公平公正的净土。

扎实学识是教师的立身之本

苏霍姆林斯基说："教师拥有的知识要达到比自己所教的知识丰富五十倍，才能算个好教师，教育者要在学识上令学生无可挑剔、心悦诚服，否则难以为师，也不可能受人爱戴。"

工作中，我提倡、督促体育教师读书、思考、写作，自己身体力行，每天读书并做笔记，退休后也一直坚持。退休十多年，我陆续在相关媒体上发表文章十余万字。我就是想在自己有限的生命里，多发挥余热，护送在这条路上辛苦前行的年轻人再多走一段，走好最艰难的起步阶段。令人欣慰的是，如今我所在的铜山区，体育教师不仅热爱读书、勤于思考、善于写作，且读、思、写的能力不输于其他学科教师，这也是我与全体体育教师多年坚持读与写的成果。

学无止境，教学研究亦无止境。这个无止境，不只是进取，更是在继承的基础上发扬和创新。我曾撰写一篇题为"新'三段式'教学模式"的文章，我认为，"三段式"虽然是传统的教学模式，却是创新发展的根基。在新课改的视域下，如何传承，怎样创新？体育教师需要通过持续的研究，以研究反哺教学，不断提高教学水平。在长期的体育教学实践中，我还提出区域体育教学思想，即以"教对、学会"运动技能为载体，将认知、技能、情感目标互融生成，不断促进学生学科核心素养的形成。

在提高教学质量、深化课堂教学改革的实践中，我撰写了《更具一体化操作性的"学、练、赛、评"教学模式探究》一文。文中的"学"以教师"教对"为前提；"练"以激发内驱力为基础；"赛"则是在"学""练"基础上的综合应用；"评"是导向、认可，更是提升，并用一体化的理念与实践力求操场、课堂的完美统一，力求澄清一线教师的迷茫，尽力为体育教育教学质量的提升、学生体育学科核心素养的形成做出有益的探索，也体现了用实践、实例、实绩支撑体育教师修炼具备"扎实学识"的真谛。

仁爱之心是教师的良心与灵魂

仁爱之心是教育的基石，没有爱就没有情怀，爱与责任是教师情怀的良心与灵魂。

教育是用"心"培育"心"的工作。具有仁爱之心的教师，要爱事业、爱教师、爱学生。爱事业就是要爱学科、爱教材、爱教案、爱操场、爱课堂。爱教师就要指导体育教师能坐得住（读、思、研、写），读得进（用心解决问题，寻求自我提升），思得清（思维敏捷且清晰），记得精（记与阶段性层面或主题相扣的经典碎片的索引），研得深（教理、学理、教材、学情、教法、学法深入透彻，形成自己的教学主张），写得美（通过做、读、思、研、记，上升为写美文、研课题、成名师）。"以爱己之心爱人，则尽仁。"爱学生，一要了解学生，二要理解学生，三要包容学生，教师要成为学生的"良师益友"，为学生终身幸福奠基。

　　某些学校在课余训练竞赛工作中，存在着"锦标主义"和唯成绩论，以及忽视全体学生、忽视学生全面发展的现象，在社会上产生了负面影响。作为徐州市青少年男女排球队总教练，我和教练团队始终坚持"做人第一、学习第二、打球第三"的原则。在这一指导思想下，"市队校办"的铜山区棠张中学女子排球队的队员，品德好、学习好、训练竞赛好，许多队员在高二年级的时候就被重点大学预招录取了。这成为徐州市体教融合的一个典范。

　　"双减"政策，对体育教师来说是机遇更是挑战，而新时代教育改革需要教师迎头赶上。从儿童青少年健康成长角度说，大到国家、社会，小到学校、家庭，对于体育教育都负有不可推卸的责任，体育教师更需要承担重任。为此，广大体育教师只有一个选择，那就是不忘初心、砥砺前行。

（《中国教育报》2022 年 5 月 24 日第 9 版）

28 在自然场景中激活感知
——三堂课改变我的教学观

赵　查

赵查，2018 年深圳市年度教师，2019 年"全人教育奖"提名奖获得者，现任教于香港中文大学（深圳）附属道远学校。深圳市龙岗区初中语文名师工作室主持人，深圳市中考语文命题组组长。在国家、省、市、区课堂教学大赛中多次获奖，是中国名师大讲堂的青年教师代表。

人物介绍

十多年前，我在一次初中语文教学观摩活动中看到了这样的课堂情境：教师带领学生赏读朱自清散文《春》中的语句，其中有"风轻悄悄的，草软绵绵的……'吹面不寒杨柳风'，不错的，像母亲的手抚摸着你"。这位教师煞费苦心地带了一个电动小风扇，让一名学生上台闭上眼睛感受轻悄悄的风；又带了几根青草，让学生用脸部去感受草的绵软。最后这位女教师说："现在老师化身为你们的母亲，有没有同学想感受一下母亲的手抚摸着你的感觉？"学生们面面相觑，没有人愿意去尝试。当时全场陷入了尴尬，这堂课也作为一个"经典"案例铭刻在我心里，让我时刻反观自我，提醒自己千万不要设计那样的虚假课堂体验。

想要让学生感受春风的温柔、春草的绵软，不如把学生带到操场或公园，让他们真正地"打两个滚，踢几脚球，赛几趟跑，捉几回迷藏"。只有置身在自然的场景中，学习才可能真实地发生。于是，在后来十多年的教学实践中，我不断创设真实的学习情境，力求让自己的语文教学更贴近学生的内心，从而达到"应物斯感、感物吟志"的学习境界。

无障碍沟通，让学生互动

在一些传统的课堂教学模式中，教师像步步紧逼的审问者，学生像战战兢兢的应答者。而自然的学习场景应该让学生成为课堂的主角，教师不但要善于倾听学生的声音，还要营造生生之间和师生之间无障碍的沟通环境。我一直认为，在真实的对话场域中，师生之间在心理和人格上应该是平等的，学生可以是坐着的教师，教师也可以是站着的学生，师生结盟为学习共同体，深度学习才有可能发生。

2019年10月，我在全国中语会第十届换届会议上执教《社戏》。在备课阶段，广东省教研员冯善亮老师在指导我时反复强调："一定要把课堂还给学生，要让学生的思维灵动起来，让学生的表达生动起来……"我记得自己最初设计的重点是"理解作者反复运用'矛盾法'写作的用意"，在前期试讲时，我把这堂课上成了小说理论课，看似在带着学生探寻小说写作的内部逻辑，但对于初中生而言，他们的文学认知水平还无法达到那样的高度，即便是设计了互助探究和研讨的环节，但最终呈现出来的课堂现状依然是教师拽着学生艰难行走。直到去北京上课的前两周，冯善亮老师和黄淑琴老师专程从广州到深圳来听我试讲，听完后冯老师漫不经心地说："小说写到平桥村是一个极偏僻的小村庄，但在'我'心中却是乐土。你能不能让学生说说他们在小说里看到的乐土以及他们心中的乐土？"一语惊醒梦中人，后来我去北京上课时就紧紧抓住"乐土"这个关键词，设计了"体情察意——用迅哥儿的眼光看乐土，联系生活——用同龄人的眼光看乐土，互文比较——用评论家的眼光看乐土"三个学习活动，当学生从迅哥儿的视角去读小说的时候，他们似乎找到了自己童年的影子。那节课他们不仅理解了"偷豆"的快乐，也释放了自己心中积蓄已久的学习压力，一切美好都在这场毫无障碍的交流中发生了。上完这堂课后，我重新审视自己将近20年的语文教学，在自己的教学日志里写下了这样一句话——让草木回归草木，让课堂回归自然，让教育回归本真。

无边界课堂，让思维灵动

三年前，"全人教育奖"评审团队对我的教学现场进行了为期一周的跟踪拍摄和考察，那时我正艰难地带着学生读法布尔的《昆虫记》，很多学生对这本名著不太感兴趣，他们说这本书没有生动的故事情节，没有个性鲜明的人物，更没有《水浒传》里那样精彩的"江湖"。尽管我在导读时对这本书的文学价值做了大量铺垫，还将最动人的描写摘录出来与他们一起朗读，但学生依然提不起兴趣。

评审团队入驻的第三天，有学生跟我说："教室里每天都有摄像机，感觉我们的一举一动都被监视着，好不自由啊。"我便顺口说："那下节课我带你们去操场一起观察昆虫吧。"于是我以四人学习小组为单位，给每名组员进行了任务分工——一名引导员，两名观察员，一名记录员。那节课学生在学校的绿植区找到了十几种昆虫，他们小心翼翼地抓住蜻蜓的翅膀观察其体形和触角，或是观察蜜蜂如何用长满绒毛的脚采集花粉，还有学生找到了螳螂，观察它们的复眼和胫节……学生惊讶地告诉我："老师，我在这所学校上了七年学，第一次发现学校原来有这么多活的昆虫！"

那个周末，我让学生继续到小区里寻找昆虫，同时对照《昆虫记》原著找到相应的语段，感受法布尔语言的魅力和对自然生命的挚爱。周末作业是用图文并茂的方式完成一篇属于自己的《昆虫记》。周一早晨，当我看到学生作品的时候，那些流动的画面和真实的文字给了我极大的慰藉。与其把学生关在教室里逼着他们机械地读，不如把他们带到天地自然中让他们真实地悟。如果我们有勇气把学生带到广阔的天地中去，学生就会还我们一个又一个惊喜。一个叫陆玥的女孩在她的习作中引用一位作家的话写道："世间恒能引动我的，唯日月星辰之姿、山川湖海之美。"

通过这堂户外名著导读课，学生既读到了手中的有字之书，也读到了行走天地间的无字之书。我也渐渐明白，真正的教学现场绝不能只局限于教室，教师要为他们开放更广阔的学习场域，学生的思维才可能被激活。

让学习发生在教室之外，我还做了大量的尝试。比如某个秋天，为了指导学生进行《深圳之秋》的写作，我带他们去龙潭公园徒步，引导他们采集第一手写作素材。学生在观察和参与活动之后的写作变得熠熠生辉，有一个学生这样写道："秋天，不只是一个季节，更是一段值得被珍重的时光。我在草丛里发现了一只小螳螂，它趴在一片树叶上，身体呈起跳的姿势，似乎只需轻轻一跃，就能进入下一个春天……"

无痕化体验，让情感涌动

我在很多课堂上见过教师刻意设计的体验情境，比如在《春》的赏读课上用电动风扇模仿自然界的风，在讲史铁生的《秋天的怀念》时把轮椅搬到教室让学生体验"双腿瘫痪"的感觉。事实上，真正能激活感知、触动心灵的体验式教学往往是无痕的，要做到"相时而动、审势而行"。

有一年夏天，我正在课堂上和学生一起学习鲁迅的《故乡》，就在那堂课上到十多分钟的时候，突然乌云压城、暴雨骤降，整个教室都暗了下来，教室外狂风暴雨的声响把我讲课的声音都掩盖了，大部分学生情不自禁地把头转向了窗外……当时我很想呵斥他们，让他们拉上窗帘，把注意力投入到课堂上来，但又转念一想：强扭的瓜不甜，窗外风雨声这么大，学生还能用心听下去吗？于是我问他们："你们认真听过雨吗？"他们摇头。我说："这节课，我们不讲《故乡》了，咱们一起来听雨，好吗？"教室里响起了欢呼声。听雨是一种高雅的自然体验，要关掉一切电子设备，才能与自然心灵相通。那节课的后半段，我们关掉投影、空调和风扇，打开窗户，让雨声涌进教室。我对学生说："你们恐怕从未像今天这样用心地听过一场雨吧？雨点打在树叶上、墙壁上、窗台上、地面上，声音都是不一样的，你们能听出来吗？现在请大家闭上眼睛，用三分钟时间听听生命中的这场雨吧。"教室里安静了下来，所有人都竖起耳朵倾听雨的声音。在他们听雨的间隙里，我在黑板上写下了南宋蒋捷的《虞美人·听雨》："少年听雨歌楼上，红烛昏罗帐。壮年听雨客舟中，江阔云低，断雁叫西风。而今听雨僧庐下，鬓已星星也。悲欢离合总无情，一任阶前，点滴到天明。"

我带着他们一起吟诵这首词，倾听他们畅谈听雨的感受，最后我说："同学们，人生的不同阶段，听雨会有不同的心境。无论你们以后遇到怎样的人生境况，老师都希望你们能保持一份听雨的从容和宁静。"多年后，那一届的学生回来看望我时说："赵老师，其实初中时上过的课，我几乎忘光了，只有那一节听雨的课，我至今记忆犹新……"

这一堂即兴生成的"现挂"课，使我明白了真正的教育应该是不着痕迹地浸染和渗透，而不是刻意地设计，只有让学生在真实的情境中产生情感的涌动，才能跨越最近发展区的鸿沟，进入全新的认知领域。

课堂教学是一门遗憾的艺术，但正因为它的开放性和包容性，才造就了无限的可能性。《义务教育课程方案和课程标准（2022年版）》中强调："加强课程综合，注重关联；变革育人方式，突出实践。要注重培养学生在真实情境中综合运用知识解决问题的能力，同时要加强知行合一、学思结合，积极探索新技术背景下学习环境与方式的变革。"学习方式的变革，首先应该在课堂教学中实现，要让真实的学习发生在自然情境中，就要求每一位教师都成为课程开发者、学科统整者、项目设计者。如何依据学科特点进行融合式教学，如何加强课程内容与学生经验、社会生活的联系，是新版课程标准背景下每一位教师必须深入思考和付诸实践的课题。

（《中国教育报》2022年9月9日第9版）

29 见教材 见自己 见学生
——课堂教学的三重境界

郑 英

人物介绍

郑英，杭州市天杭实验学校道德与法治教师，正高级教师，全国优秀教师，浙江省德育特级教师，浙江省"春蚕奖"获得者。著有《班主任，可以做得这么有滋味》《教育，向美而生》《课堂，可以这么有声有色》等。

曾被电影《一代宗师》中的一句经典台词深深触动，就是"见自己，见天地，见众生"，这是一个武师成为一代宗师必经的三个阶段。这句话对教师也富有启迪意义，对应于课堂教学，就是"见教材，见自己，见学生"。教师应该系统思考"教什么""如何教""为何教"，这三个问题分别对应着课程观、教师观和学生观。

回看自己的成长历程，就是在不断叩问和思考"教什么""如何教""为何教"这些教学本源问题的过程中，经历着"见教材""见自己""见学生"的三个阶段。

始境：见教材

教师开展教学最先面对的是"教什么"的问题，对"教什么"的思考体现的是教师的课程观，而课程观最先体现在教师对待教材的态度上。

对待教材，我的认识变化与唐代禅宗大师青原行思的参禅三境界很契合，对应他的"看山是山，看水是水""看山不是山，看水不是水""看山还是山，看水还是水"，我经历了"依赖教材""跳出教材""融入教材"三个阶段。

从教之初，我将教材视为唯一标尺。我反复研读教材，重要的语句段落能熟练背诵，这让我的课堂语言非常干净，但问题也是显而易见的，我像是教材的传声筒，这让课堂显得寡淡无味，很难活跃学生的思维和情绪。

工作第三年，偶然听到一堂展示课，课堂上那种热烈有序的氛围引起所有听课教师的赞叹。我捕捉到一个细节，就是授课教师所例举的"一碗馄饨的故事""彼得的账单""关于成长的谈判"等素材全部源于课外，没有一个是教材中的例子。这极大地影响了我，我开始抛开教材，不断"拓荒"。大量生动事例的铺陈，确实让课堂氛围活跃起来，殊不知过后学生却反映这些内容似乎学过，却又没什么深刻印象，翻开书本，也是空空如也。看来我是垦了外面的田，却荒了自家的园。

直到 2009 年我听了浙江省特级教师唐少华一节历史的读图学法指导课，才有所顿悟。唐老师只选用了教材中的 4 张图制作了 4 张幻灯片，简约的流程犹如画了一个圆——先是聚点，抛出一个问题并集中火力；然后拎线，通过问题链的推进，有如"提领而顿，百毛皆顺"；最后联圆，环环融合，首尾呼应。整个过程不蔓不枝，却让在座的所有人深切体会到"整体—局部—细节"的读图方法。这时我才对"教材无非是例子"这句话有了新的理解：教师要做的不是单纯依赖教材，也不是抛开教材，而是融入教材。

当本着"融入教材"的认识进行备课时，我慢慢学会了经济用材，选材上"少而精"，用材上"简而丰"，让课堂脉络清晰。同时，平日处处留心，随时随地积累素材，作为备课之资，以提升课堂的密度和质量。此时，我已经由"狭义的备课"跃升到"广义的备课"。

关于"广义的备课"，苏霍姆林斯基在《给教师的建议》中提到一个生动的例子：

一位拥有 30 多年教龄的老教师上了精彩的一课，观摩教师都听得入了迷。课后，当被问及如何准备这节课时，这位老教师说："这节课我准备了一辈子，而且，一般地说，每堂课我都准备了一辈子。但是，直接针对这个课题的准备，仅花了约 15 分钟。"

又境：见自己

在教师角色上，我也经历过转变。一开始，我忙于显示自己的强大，表现为雷厉风行、干净利落、果断决绝、说一不二。客观上，这带给我颇为可观的成果，最直观的就是教学业绩突出，这带给我很大的自信。

但当我再次读到老子的"太上，不知有之；其次，亲而誉之；其次，畏之；其次，侮之"时，对照一下，就不难发现自己处在第三个阶段，实在是等而下之的境界。此时我意识到，教师的强大固然可以增加自身的力量感，但过于强大，尤其是那种表象的强大，反而掩盖了学生的光芒。教育的目的是帮助学生更好地成长，而不是显示教师自己的强大。

后来，当我在为《与人为善》进行备课时，脑海里闪过的第一念头竟然是："我自己与人为善吗？"这一自问让我猛然心惊，如果答案是否定的，那我如何有勇气和底气面对学生？那一刻，我猛然意识到，教师身为传道授业解惑者，理应"闻道"和"悟道"在先，应是首位学习者和自觉反思者，主动提升自己。

于是我决心调整自己的"位置"，有时站在学生的前面，遇物而诲，择机而教，做一个引导者；有时站在他们的身边，促膝长谈，耐心倾听，做一个陪伴者；有时站在他们的身后，藏巧于拙，乐于示弱，做一个陪衬者。

之后，我越来越重视自身作为"例子"的力量，力求以教人者教己。

上《与人为善》一课时，我让学生说说身边的美善现象，一个学生提到了我："一次全班在操场上排练节目，后来下起大雨，郑老师带着几个男生冒着雨冲回教室给大家拿来雨伞，自己却被淋湿了……"

我始终坚信，教师站立的地方就是一个教育场，在这个场域内，教师的一言一行、一举一动都可能会对学生产生影响。

果然，我看到越来越多的善举：有个学生常常备着青草药膏，说是班里常有同学被蚊虫叮咬，青草药膏可以派上用场；有个学生常常带点儿面包，说是万一有同学没来得及吃早餐，可以暂时充饥；有个孩子感冒了，只见他独自一人走到边上吃饭，说是怕把感冒传给同学。

我始终认为，教师的高光时刻，并非站立在领奖台上收获鲜花和掌声之时，而是站立在讲台上收获亮晶晶的目光之时。真正的教育者，是在施教的同时实现自我教育的人。教师只有不断自我提升，课堂才能日益精进，每一点儿自我提升，都可能会让课堂发生一次微革命。

至境：见学生

课为学生而教，这点毋庸置疑，但要落到实处并不容易。比如道德与法治课，特别是七年级部分，大量内容诸如规则、诚信、友善等，在道理上似乎都是显而易见的，可真正要落到行为上却难之又难。例如《遵守规则》一课，似乎不用上课大家都知晓要遵守规则，可现实生活中仍有不少破坏规则的现象。

道德与法治课如果没有触及学生的内心，略过学生认知上的盲点和行为上的难点，没有经由学生自己思考而给予一个答案，就会沦为一种道德规训，看似快捷高效，实则是一种残缺的教学，因为它规避了"教育的难度"，那种启迪思维、健全人格的难度。

我有过这样的经历：当我用心备课之后，内容可以说烂熟于胸，课堂似乎也行云流水，可真实效果却不尽如人意。问题出在哪里？我百思不得其解。直到上《遵守规则》一课时，当学生问起"好朋友向我要作业抄，我给不给""看到好朋友做了坏事，我该不该说""对不讲规则的人要不要讲规则"等问题时，我才意识到我设计的问题不是学生关心的问题。原来问题出在离教材近了，却离学生远了，所以深入却难以浅出。

课堂不能用力于外部的规训，而应着力于内在的需求。教师应从学生的真实需求和认知起点出发，教学设计和课堂推进应符合学生的心理特点与认知规律。教师应努力营造独立思考、平等对话的氛围，积极又和谐，热烈又有序，在这样一种真实、自然、和谐的课堂形态里，学生才有可能成为最好的自己。

还是以《遵守规则》为例，在利用教材中的交通规则作为切入点时，我不是设置"不遵守交通规则会有什么危害"这类浮光掠影式的提问，而是设问"过马路时，如果前方亮着红灯，但两边的车子离你还很远，此时你怎样做"。如果有孩子回答"通常是闯过去"，那就追问"多是出于什么心理"。待学生畅所欲言后，继续追问"现在让大家都以旁观者的身份来看待以上闯红灯心理，你的认识会有变化吗""今后的生活中你会调整自己的行为吗"等问题链。

这一系列追问就是针对遵守交通规则这一知易行难之事的深入分析。针对熟悉的事物和现象，教师要引导学生切换到不同的角度思考问题、表达观点，从而再走向冷静的思考。有时教师多一步思索，就有可能成为开启学生思考之门的钥匙。

我还引导学生不断推进思考，讨论"我们的班级生活中，还需要哪些规则（知其然）""为什么需要这些规则（知其所以然）""有没有更完善的规则（知其所尽然）"等问题，将他们的目光引导到自己的真实生活，在树立正确价值观的同时，提升实践智慧，以便今后能得体应对。这就是道德与法治课极为重要的价值。

我甚至还组织讨论"你希望火车往哪个方向开"这个经典的道德两难问题，因为真实的生活中有太多两难的地方，教师不应选择回避，而应选取几棵"树木"深入分析，从而让学生触类旁通，认识"森林"。教师不要担心学生在面对真实的世界时会彷徨或迷失方向，如雪莱所言，过分珍爱羽毛，将失去翅膀，永远不能凌空飞翔。

上《诚信是金》一课时，有学生提问"对不诚信的人要不要讲诚信"，有学生反问"老师，您当学生时作过弊吗"；讲《礼仪展风采》一课时，学生反问"老师，我觉得讲礼仪有时有点儿假，我平时怎样就怎样，岂不更真实"……当学生愿意用自己的眼睛去观察，用自己的头脑去思考，而不再将教师的观点视为理解生活的唯一角度，不再把教材作为认识世界的唯一标尺，他们就实现了精神的主动成长。

对于道德与法治教师，每一次备课和授课都是一场心灵对话。多年来，一场场心灵对话也激励着我由"从业"进而"敬业"而后"乐业"。

（《中国教育报》2022 年 9 月 30 日第 9 版）

30 为学生上"有意义"的数学课

潘洪艳

—人物介绍—

潘洪艳，山东省实验中学正高级数学教师。全国优秀教师，苏步青数学教育奖获得者，齐鲁名师，山东省教学能手，山东省三八红旗手，山东省省级学科工作坊主持人，山东师范大学、济南大学校外研究生指导教师。主持多项科研课题，在全国中文核心期刊发表论文多篇，出版专著《高中数学教与研的实践与思考》。

从"教什么"到"如何教"

当年，一位教授曾在我大学毕业时叮嘱我："年轻教师面临的最大问题是学科视野的局限性。"初入教坛的我虽深以为然，但还是认为以自己优秀的学业水平，教好课是没有问题的。但是当我把准备了十几遍的第一节课一口气讲完时，自己也觉得不对劲——我的课堂成了教师自己的课堂，学生在哪儿？正当我充满疑惑时，我的导师邵丽云老师问我："你的数学课要带给学生什么？"

这一问让我犹如醍醐灌顶。为了想清楚自己究竟要带给学生什么，我开始大量阅读教育教学著作、专业期刊，在对照中不断反思自己的教学行为；主动去资深教师的课堂上听课，看他们如何顺应学生思维捕捉教学契机；积极参加团队教研活动，在交流与分享中积累教学智慧。

在这一过程中，我逐渐明白自己要教什么。数学要带给学生"知"与"识"，数学教学要让学生经历发现数学、感知数学、探究数学、运用数学、理解数学的过程。在椭圆及其标准方程的教学过程中，可以有生活场景，如圆柱形水杯与桌面成30度夹角时的水面边缘、球的点光源投影或手电筒射出光束与黑板面角度不同时投射出的光圈曲线等；有应用场景，如行星围绕恒星的运行轨道等；有历史背景，可通过追溯圆锥曲线的历史，介绍古希腊数学家阿波罗尼奥斯的《圆锥曲线论》等。这些均可引导学生理解椭圆为何产生以及椭圆的产生过程，然后借助当德兰双球实验得到数量关系，"画"椭圆、"折"椭圆，让学生在"做数学"中理解数学。

下一步，我开始思考不同课型该如何教。根据教学内容和形式，数学课型可分为新授课（概念课、规则课）、复习课、讲评课、探究课、建模课等。新授课关注"为什么""是什么""如何想的""从哪里想的""还有什么"，教学中重视情境构建、把握本质、关注迁移；复习课重视对学生系统构建能力的培养，教学中引导学生深化理解、整体构建，关注思维生长；讲评课则由例及类，深度促思；探究课关注数学"再发现""再创造"；建模课关键在于"过程""实践""活动"。

在研究如何教的过程中，我逐渐领悟教师不仅要清楚教什么，更要思考不教什么。教师应适时成为学生的"身后人"，把发现留给学生、把"渔场"留给学生、把个性体验留给学生，引导学生体会自主探究的乐趣。

从"如何教"到"为什么教"

一次期末考试，学生的成绩差异很大，一些考试结果不理想的学生情绪低落，反映试题难度大，部分题目不适应。问题出在哪里？仔细分析试题之后，我发现整套试题对数学能力考查全面，部分题目背景新颖，体现了数学文化的渗透以及数学与其他学科的融合，这对学生的数学思维、数学阅读、知识迁移、数学建模等都提出了较高要求。学生成绩差异拉大，说明我课堂上的教与学都需要改进。

这让我再次思考：我的数学教学要培育学生什么？从"教什么"到"如何教"，需要明确"为什么而教""为什么这样教"。我个人认为，要为学生上"有意义"的数学课。这样的数学课堂，不能止于知识的传承，要关注内容的本源，学习深刻的数学，要基于数学的逻辑引导学生掌握发现问题、研究问题的方法。

在这一理念下，我的课堂教学也在发生改变。如函数概念的教学，这是学生在高中数学学习过程中遇到的第一个一般意义上的抽象概念。经过思考，我决定选择两个教学立足点——初中定义和丰富实例，并通过活动设计引导学生在主动实践中抽象出集合对应下的函数概念，体会初中定义的"动"与高中定义的"静"，让学生明白为什么学——采用"集合—对应"说的必要性，学什么——概念与研究过程（路径），怎么学——研究方法，让数学教学的"明"线更明、"暗"线不暗。

学生的课堂反馈也给予我信心。在总结课堂感悟时，就有学生表示"我感觉到数学抽象的力量""我学习的数学走向抽象化和符号化""我学到了如何去研究一个概念""我觉得变量说与'集合—对应'说是从不同角度和立场去认识函数"，甚至还有学生能清晰说出自己是怎样进行数学抽象的。

我发现，当学生在学习的过程中为自己加上"研究者"这一身份时，他们就会积极调动自身的主动性，基于数学逻辑实现自主学习。在讲解函数奇偶性的课堂上，我问："几个函数图象除了显示单调性是否还有其他特征？"学生不仅回答"对称性"，还能说出"类比单调性的研究方法，要定量描述对称性"。再比如教数列时，我提示："研究一个新的数学概念，需要经历一个怎样的研究过程？"学生们尝试运用建构学习新概念的一般学习方法去研究数列，遇到新问题也会积极探究、迎难而上。

数学概念的发展史本质上是一个不断抽象的过程，根据历史相似性原则，教师可以引导学生从学科发展历史的视角进行研究。如函数概念的教学，指导学生查阅史料，从格雷戈里、牛顿、莱布尼茨、欧拉、柯西、戴德金、布尔巴基学派等数学家的贡献分析函数概念的各阶段，体会其发展与演变。再如对数的教学，课上关注整体性，以追溯运算的发展历程为对数的生成找到支点，理解对数的存在意义；课下指导学生梳理史料，从早期的简化运算的思想到奈皮尔、别尔基创立对数，再到对数符号的发明以及我国数学家对对数的研究，引导学生通过梳理脉络追溯对数的发展，理解对数的本源。立足于概念发展的本源去研究概念，意在让学生在深刻理解数学知识的同时体会数学的科学价值，感悟数学中的科学精神。

当然，教学没有固定模式。"道虽迩，不行不至；事虽小，不为不成。"只有跳出因循守旧的教学"舒适区"，在继承优良传统、借鉴先进经验的基础上大胆创新，才有可能创造、发展更多的可能性。

从"我教学生"到"师生共进"

教学是师生相互促进、结伴成长的历程。学生在教师用心创造的环境中发展才智与潜能，同时教师也不断被学生新的探索所激励，促进教学相长。

在多年教学过程中，我逐渐认识到，教师是学生内在生长力量的"唤醒者"。于是，通过梳理多年的教学与教研实践，我进一步完善课堂教学观，打造高中数学"生""动"思维课堂——生即生成、生动、"生"动，动即动态、主动、互动。

教学是生成的，课堂是动态的，这个过程充满着师生在共同思考中相互激发的力量。曾有一次在椭圆标准方程的推导过程中，有学生发现定义坐标化、移项平方后的等式有这样的几何特征：椭圆上点到一个定点与到一条定直线的距离之比是焦距与长轴的比。他提出："满足这个条件的点的轨迹是椭圆吗？"由此引发其他学生对方程的研究兴趣，接着又有学生提出椭圆的标准方程变形后有几何特征："椭圆上异于长轴端点的任意一点与长轴两端点连线斜率之积为一个定值，那么满足这个条件的点的轨迹是椭圆吗？"学生们接二连三的提问激发了我，于是我决定调整教学方案，转而由"数"到"形"，以椭圆为例展现解析几何的特征，让学生完整理解坐标法。快下课时，我建议学生"继续研究椭圆标准方程及其推导过程，看看能否有新的发现"，于是经过学生们自己的思考与探讨，一篇篇关于如何得到椭圆、解析几何初识等主题的数学小论文在班级里形成了。

而后，我又把视线聚焦于课程，课程的品质决定着育人的品质，面对高中数学课程标准提出的"人人都能获得良好的数学教育，不同的人在数学上得到不同的发展"的目标，我和同事们对本校的数学课程进行了整合，打造出数学博学课程、数学空间课程、数学登攀课程三大课程群，以及"三引"教学体系。分层与精准相结合的教学体系，在为学生夯实基础的同时，也为学生不同的志趣和发展提供了个性化成长的空间。

多年来，我收获了一届届学生丰厚的数学学业回报，和学生们一起享受着师生共进的快乐。有名学生说，数学课原来是"玄之又玄"，现在是"众妙之门"。一名原本对数学发怵的女生悄悄告诉我："老师，我才发现数学世界也可以这样缤纷美丽！"其实我也想对我的学生们说：谢谢你们，这个过程是我们用彼此的智慧和激情共同完成的，它让我在课堂上体验到生命的增值与律动！

"数学教学的探索永无止境，但我们有一颗滚烫的敬业乐业之心，钟情于数学教学，踏踏实实，不懈追求，必然在数学教学的征途上留下一串串闪光的脚印，年龄随着时光而老去，但教育的心永远是年轻的。"这是我的导师邵丽云老师曾说过的一段话，它时刻鞭策我永葆初心，在数学教学的探索征途中驰而不息，努力为学生上一堂又一堂"有意义"的数学课。

（《中国教育报》2022 年 10 月 21 日第 9 版）

31 以公开课心态上好日常课

吴海丽

人物介绍

吴海丽，江苏省南通市崇川小学语文教师，高级教师，江苏省教学成果奖获得者，南通市全民阅读推广人。著有《启发人性的教育——班本课程实践叙事》《班本课程十讲》等，在班本课程等方面进行了卓有成效的创新实践和理论研究。

从教 20 多年，我行走在小学教育的园地里，在班主任和语文教师的平凡岗位上思、学、行、著。学做好老师，上好每一堂课，成为我心底的期许。

自问自省"还可以更好吗"

1999 年，我从师范学校毕业，入职有"学者型教师摇篮"盛誉的江苏省海安县实验小学。办公室里，教师们相互交流教学得失、反思教育实践、畅谈教育理想是常态。初为人师的我被这种在研究状态下工作的氛围深深吸引，也被这样淳朴的校风所塑造。

为了提高教学能力，我除了向资深教师请教，仔细琢磨期刊上的教学设计，还积极观摩学习名师公开课。真正上好一堂课不容易，我常常思考这样一个问题：理想的课堂从何而来？

一次省级教学观摩活动带给我很大触动。一位名师执教四年级语文课《普罗米修斯盗火》，他设定的教学目标之一是通过读与说引导学生理解"盗火"的语境意义，体验普罗米修斯的内心。在教学内容上，他以课文第一自然段和第六自然段为教学重点，以"火种"和"受罚"为关键词，串起整堂课的教学。教师在引导学生感悟普罗米修斯的"不屈"时，巧妙引用了希腊神话里普罗米修斯面对诸神劝说仍坚强不屈的对话场面，学生在诵读这场对话时，逐渐加强的语气、越发高昂的情绪，令所有人为之震撼。至此，课堂也呈现出一种庄严肃穆、慷慨沉郁的情境。

然而这一教学内容上的大胆创新与理想构划，在课堂教学推进的过程中却出现了"意外"。在充分引导学生体悟"火种"对于人类生活以及宙斯权威的重要性后，教师引读了第二自然段，然后启发学生："普罗米修斯是个勇敢而极富同情心的神，他看到人类生活在黑暗和寒冷中，决心为人类盗火，普罗米修斯真是个？"（过渡语）

教师话音刚落，全体学生齐声说："罪犯！"

这个回答并非教师的本意所指，他本可以机智地"接招"说："对呀，对于宙斯来说，盗走了象征着他权威与地位的火种的普罗米修斯是个'罪犯'，可是对于一心渴盼光明的人类来说，这位勇敢而极富同情心的普罗米修斯是个'英雄'。"然而，此时这位教师未能有效引导，只是连着两次重复之前的过渡语，试图引导学生修正观点，但结果是学生不仅没想到普罗米修斯是个"英雄"，反而接着说他是个"罪犯"。

现场哄堂大笑，原本极好的课堂氛围也荡然无存。

何以至此？这种尴尬局面产生的源头在哪里呢？再次梳理前面的教学环节时，我发现，在引导学生理解"火种"对于宙斯的重要意义时，教师用力过猛，以至于学生们久久沉浸在宙斯愤怒的情绪里"入戏太深"，当教学推进到下一环节时，未能及时进行情感转换，造成了目标预设与课堂教学生成在方向上的不一致。而这种不一致，看起来是教师随机应变不足，实则是教学设计出了问题——未能搭建更为精细的脚手架，帮助学生真正走向深度理解。

　　名师公开课尚且如此，我又该如何？他者的课堂如同明镜，警醒我时时"拭镜"，加强反思，警惕顺风顺水的日常课可能遮蔽着的"病灶"。此后，每次备课，哪怕教学内容和教学方法已经初定下来，我都会习惯性地追问自己："还可以更好吗？"教师在设计课堂教学时，唯有"备透""备优"，充分认识到教学情境的复杂性，才有可能将理想的教学设计转化为理想的课堂现实。

　　于是，每堂课我都虔诚以待，审慎精心打磨。讲解《信使》时，在和学生整体感受了这首诗的意境后，我引导学生发现其表达特色和思维方式，并拓展练笔，学生们在习作中迸发出的奇思妙想，让我在有限的课堂时空里感受到他们思维的广阔无垠。

　　一个合适的支点，可以撬动地球；一个恰当的指点，可以为学生们插上想象的翅膀凌空翱翔。教学《蜗牛的日记》时，我引导学生从文中那"发亮的日记"展开想象，想想那"发亮的日记"里还写些什么。学生以"我读懂了蜗牛的日记"为主题，写下了自己的思考与理解。

　　理想的语文课堂，需要聚焦教材特点，扎扎实实为学生的语文学习搭建稳固便捷的脚手架，用准备公开课的态度对待每一节日常课，才能生成精彩的课堂。

打破课型让语文教学更立体

　　上好了每一节课，是不是学生的语文学习效果自然就会好了呢？事实并非如此。以小学一周的语文课表为例，有阅读、观察说话（作文）、写字、综合实践课等，这些不同课型都属于语文课程的范畴，而在日常教学中，一些教师在上一周的语文课时，基本上是按部就班、线性推进的，各种课型逐一完成，教学任务看似如期完成了，但是学生的语文学习效果却并不理想。

同时，我也发现，每次带学生到教室外开展观察体验活动，他们总是兴奋不已，语言表达生动丰富，而一回到教室，灵气又不那么明显了。问题出在哪里？通过优化语文课堂的内容和结构打破线性思维，进行立体化建构，能否提升学习效果？

带着这样的思考，我决定以主题统领教学内容，把阅读、综合实践等课型整合起来，使课与课之间建立起一种逻辑和情感的联系。比如，教学春天主题的课文时，除了学好教材上的课文，教师还应拓展强化学生对美的语言、美的意境的充分感受。我尝试开展共读，指导学生阅读儿童文学作家金波的文集《想念红叶林》《会唱歌的小窗口》《春风带我去散步》中的篇目，让他们充分体悟语言的美、智、趣。在此基础上，我进一步引导学生做好迁移，以共读推进共写，将学生的写话习作编辑成图文并茂的微信文章，通过班级公众号"大家来读书"进行传播。这样的分享使学生们的阅读劲头更足了。一轮实践之后，我发现学生无论是思维能力还是表达能力都有明显提高，个个成了能说会写的小能手，班级语文水平在区域教学质量监测中名列前茅。

整体建构的"阅读、观察、表达"一体化教学，使日常语文教学更加丰富、立体。学生亲历各种实践活动，获得更丰富的体验，情绪受到激发，情感得到发展，在培育审美趣味、文化人格的同时，语文综合素养也得以提升。

对教师而言，操作时则要注意三点：一是注重观察指导，为学生增长智慧提供重要能源；二是注重阅读引导，为学生打开内心与世界连通的大门；三是注重激发表达，通过创意教学拨动学生心灵的琴弦。

让语文课堂回归广阔天地

学校每年都会安排郊游活动，有一年安排去南通郊外的狼山秋游，古代文人墨客曾在狼山留下足迹与诗篇，这激发我思考：如何为郊游注入人文元素的纵深感？于是，我尝试引导学生把眼前之景和所学积累联系起来。秋游前几天，我带着学生梳理名人故事与诗文，如文天祥被俘脱险后在石港古镇登舟南归写下的"狼山青两点，极目是天涯"，以及王安石的《狼山观海》等。秋游当天，学生们登临狼山之巅，极目远眺，只见天高地阔，江上白帆点点，曾读过的名人故事与诗文一下子涌现出来，学生们触景生情，不禁高声吟诵。

这次秋游经历让我对"身与事接而境生，境与身接而情生"的语文生活有了更深的感悟。语文在促进个体生命质量提升方面发挥着重要的涵育作用，语文教学应体现其综合性与实践性，这就决定了语文课程学习应当回到广阔的天地中，让学生在与山川原野、鸟鸣虫唱、月白风清的对话中扩展襟怀、激活感知。因此，在建构班本课程，实施"阅读、观察、表达"一体化教学时，我开始尝试打造"行走的课堂"，将语文课堂从教室拓展到校园、拓展到大自然的广阔天地。

首先，结合课文学习，充分利用校园里的园林景观资源打造"行走的课堂"。例如，结合一年四季校园里花草树木的变化，开展丰富多彩的观察体验活动，引导学生在大自然中感知季节的脚步、生命的消长，感悟草木之情、天地大美，进而在内心播下亲近自然、物我两谐的种子，舒展健康人性。

其次，用好地方文化资源，实施"研学游历"班级课程。在南通博物苑，我先后组织开展了"制作青花瓷""拓印""从窗花里剪出来的年味儿""从墨香里溢出来的年味儿""寻找冬天的树""状元府邸话魁星""寻老城，走寺街"等活动，让学生在研习中传承中华优秀传统文化。

此外，引导学生"跟着课文去旅行"，打造"行走的课堂"。我引导家长和学生在假期到教材中出现过的名胜古迹或诗人造访过的地方走一走、看一看，培植文化情怀，更深入地走进语文课本的美学世界。不少学生也学会运用思维导图再现自己几年来的古诗之旅、文化之旅。

从教20多年，我带过一届又一届学生，从他们纯真的笑容、真挚的言语中，我总能收获感动与力量。"吴老师有一颗童心，带领我们在学中玩、在玩中学。""吴老师教会我们写作，从不限制我们的思维，带领我们观察、体会、阅读。""吴老师不爱把我们关在教室里，常带着我们到校园里上课，让我很早就认识了美丽的大自然。"

一位教师最大的幸福，莫过于来自学生的肯定。以公开课心态认真备好每一节日常课，帮助学生过富有品质的语文生活，让学生的精神生长洋溢着生命的自由和对生活的热望，获得更为辽阔深邃的精神疆域、更为纯良高尚的情感世界，这正是我所希冀的语文人生。

（《中国教育报》2022 年 12 月 9 日第 9 版）

32 在英语教学中育己育人

李 艳

人物介绍

李艳，特级教师，正高级教师。现任北京十二中联合总校太平桥学校校长。教育部"国培计划"英语授课专家，北京市中小学特级教师工作室实践导师，北京师范大学、首都师范大学外语实践导师。荣获北京市英语教学基本功大赛一等奖，北京市班主任"紫禁杯"特等奖。出版有《初中英语深度阅读多模态教学设计与实施》《培养优秀的阅读者》等五本著作。

本立而道生，从人生第一次登上讲台，至今近 30 年，我的英语育人之道，是永远保持教育理想和追求，用理性思维和满腔热情让每个学生提升自我、完善自我，让教学真正成为师生共同提升的过程，让高质量教育推动学生的可持续发展。

育人先育己

1995 年 9 月 1 日，当时 22 岁的我，成为一名人民教师，但是我的第一次英语备课经历却并不美好。

第一次英语授课内容是两名新同学初次见面、彼此打招呼、互相介绍姓名、询问他人姓名，总共五句话构成对话语篇。在备课前，我自信满满，觉得对于我这个英语研究生毕业的人来说，教给学生这点儿知识实在是太简单了。在我的设想中，45 分钟的课堂，只需 10 分钟就能让学生学会这五句话，那么剩余的 35 分钟干什么呢？我是不是得补充有关"姓名"的英文资料让学生学习呢？于是我准备了 20 多页有关"姓名"的英文内容。我还把准备的 20 多页资料分享给我的教学师父和英语组的同事们，心想自己的用心一定会得到大家的赞扬。

可是事与愿违，我的教学师父王老师对我说："小李，从你准备的这么多资料，可以看出你是一名认真的教师，但是你有没有考虑到学生在 45 分钟内能不能接受得了这么多内容？你有没有思考学生在这节课上到底需要掌握哪些重点内容？他们可能出现的难点在哪里呢？"

当听到教学师父的点拨，我才意识到我这节课的确没有考虑到这些问题。我是从自我主观出发，却没有考虑到学生的学情。这一番点拨，让我重新定位了备课的意义。

通过初为人师的首次备课经历，我开始反思英语教育的意义。备课不仅需要备所教授的知识，还应备学生的学情，应预设教学中可能遇到的课堂生成等。于是我与我的教学师父开始探讨：这节课应该怎样教？应该用什么样的教学方式让学生学？应该帮助学生如何掌握英语学习策略？又应该让学生通过这节课的学习得到哪些进步？……我的备课思想从只关注知识的教授，到慢慢思考英语教育与教学的关系，开始思考什么是以学生为本的英语课堂。

时至今日，我始终都记得我的第一次备课经历。后来每次备课时，我都提醒自己，在英语教育教学中自己一直都是一名终身学习者。外语课程具有工具性和人文性，这是外语基础教育的一个特点。外语教师应在遵循外语教学规律的原则下，以更开放的态度采用更多元的教学策略和方法，从注重学生培养规模转向注重学生培养质量。

育人应育能

著名心理学家、"文化—历史"理论创始人维果茨基在《思维与语言》

一书中写道:"言语就其本身意义而言,是社会联系的核心系统,是社会联系和文化行为的核心机能。"英语教学中,表达能力至关重要。

如何激发学生的学习兴趣,提升学生的英语表达能力?我的妙招就是"做游戏",将教学的重难点和课堂游戏融合在一起,以学生喜闻乐见的方式寓教于乐,引导学生学习英语。

我安排学生以"游戏接龙"的形式背单词和语法。一个学生背完后,点下一个学生背。如果哪个学生没有背出来,所在的小组就要表演一个与英语有关的小节目,比如英文歌、英语接龙等。一次有一个小组表演的是英语小短剧,演绎的是一个英语学习不扎实的学生向外国人问路闹出笑话的故事。这个英语短剧虽只有两分钟,但是非常形象,不仅幽默风趣,还引人深思,很有教育意义。后来学生们将这个短剧改编成八分钟长度的英语戏剧,参加学校艺术节,大获好评。在改编、参演的过程中,学生们的英语表达能力得以提升。

育人应育能,核心能力是学生的硬实力。《义务教育英语课程标准(2022 年版)》指出,英语核心素养主要包括语言能力、文化意识、思维品质和学习能力。我鼓励学生坚持英语朗诵,学生在诵读美文中,把平面的文字转化为立体的情感,感受书面文字与朗诵表达的语言魅力,从而把个人情感和作者情感融为一体。学生在朗诵中还能感知到语言的规律,在语言材料中丰富语言积累,强化语感,实现写作能力的提升。疫情防控期间,我引导学生将英语学习与实际生活相结合,引导学生用英文给长辈写一封充满真情实感的感谢信并读给他们听,感谢他们在特殊时期对自己的陪伴和呵护。这一尝试激发了学生自主学习英语的积极性。

育人需育心

教育重在立德树人,英语不仅是一门学科、一门语言,英语教育更是一种思维方式的传授,是培养"中国心"的重要价值引领。

一次，我在网上看到一个用英文翻唱中国歌曲的视频——一位英国小伙在深情地演唱《红旗飘飘》。我被视频中熟悉的旋律和动人的演绎深深吸引，这首几乎每个中国人都耳熟能详的爱国歌曲，用英文翻唱后别具风韵。我想教会学生。一个星期后，我带着这首歌自信满满地走进了课堂。一开始有学生心不在焉，但是当《红旗飘飘》熟悉的旋律在班级响起后，学生们纷纷安静下来，专注地盯着大屏幕，认真听着歌曲。

我问："看了这个视频后，你们有怎样的感受呢？"一个坐在教室角落的女生站起来说："我没想到这名英国歌手竟能把一首中国歌曲唱得如此深情，我作为一名中国人更应该唱好这首歌。"学生们都点头，表示要学唱。接下来这节课，学生们跟我一起学唱了英文版的《红旗飘飘》。伴随着学生们高涨的情绪，我说："同学们，这就是老师热爱英语学习的原因，学习英语能把中华文化的精华传播到世界，能用英语讲好中国故事，让世界了解中国。"

我一直鼓励学生，作为祖国未来的建设者和接班人，要把对人生的思考、家国天下的情怀和对祖国建设的使命作为英语学习的重要动力，用英文来表达中国故事，把学习英语转变成自我成长的行动。

在我的课堂上，我经常与学生们互相提问、互相讨论、互相研究、达成共识、教学相长。有一次，在课堂上，有位学生腼腆地站起来说："老师，我曾看过一本书《遇见莫扎特》，作者是美国作家保罗·约翰逊，书中提到莫扎特的音乐都是以字母 K 记录的。我想知道为什么用字母 K，而不是其他字母呢？"

我对莫扎特也不了解，不知道为什么莫扎特音乐作品用字母 K 标识。我该如何回答呢？课后，我查阅资料后才知道，因为莫扎特生命短暂，他创作时没有在原谱上标明写作日期，造成次序混乱，因此奥地利音乐编目学家克舍尔（L. Kocher）博士对他的全部作品加以系统编号，所以现今莫扎特的乐曲是用 K 进行编号的。

第二天上课前，我把查到的结果告诉了这个学生，而且还把莫扎特的几个小故事用英语编写后送给了他，他非常高兴和珍视。后来在我的课上，他开始积极思考、踊跃提问。

多年后，这个学生考上了悉尼大学，在某年我生日时给我发了一条短信："我现在就读教育学方向，感谢您当年对我这个不起眼学生的帮助，您回答了我那么多与英语无关的问题，给我手写了那么多个英语小故事，您的爱让我感受到温暖和自信，让我爱上了英语这门学科，也让我产生了像您一样做一名教育工作者的想法。"

我非常欣慰，但其实他不知道的是，他的每次提问，同样也开阔了我的知识视野，让我学到了很多跨学科、跨领域的内容，让我体会到教学相长的深层次含义。

"经师"易做，"人师"难为。作为教育工作者，要懂得每个孩子就如一粒种子，拥有极为强大的生长力量，拥有自己独特的基因图谱。我的英语教学之道，本质是为了奠定学生们终身可持续发展的基础，从而让教学达到优美和谐的境界。

（《中国教育报》2023 年 1 月 11 日第 4 版）

33 从学情出发，把语文教"活"

吴再柱

人物介绍

吴再柱，湖北省特级教师，正高级语文教师，黄冈市高层次人才，现任湖北省黄梅县苦竹中学语文教师，黄冈师范学院教育硕士研究生校外导师。曾在《中国教育报》《中国教师报》《语文报》《初中语文教与学》等报纸和期刊发表文章近 200 篇。出版《我教语文的感觉》《乡村教师突围》《乡村少年成长密码》《特级教师陪你读名著》《卓越教师的成长特质》等专著。

从教数十载，我一直认为，教书育人者需要有敏锐的眼光、清醒的大脑、果敢的行动，才能勇立潮头、顺势而为、与时俱进。

教法：从学情出发

20 多年前，我调入初中承担语文教学工作。因为没有经过专业、系统的汉语言文学学习，我不时陷入深深的"本领恐慌"之中。那时，我的想法很朴素：要想在讲台上站住脚，必须在教学方法上有所突破，找到一种适合学生也适合自己的教学方法。

把课讲好，这是我原始的动机。我把课文读了又读，把教参看了又看，进行着所谓的"深挖教材"，但效果并不明显。于是我开始订阅教育类报纸杂志，阅读魏书生、宁鸿彬、颜振遥等特级教师的教育专著。一次偶然的机会，我从一位教师那里借得一本教育名家的文集。文集里的一篇篇文章渗透着教育名家的智慧和心血，我一边阅读一边摘抄。一本文集读完，一个笔记本也用完了。

逐渐地，我似乎从中找到了一点感觉，对语文教学有了点感悟。我开始系统地思考语文教学问题。比如，怎样让学生喜欢语文？怎样让许多不敢开口发言的学生畅所欲言？怎样在有限的课堂时间里进行有效的师生互动？

我一边翻阅资料，一边在课堂上进行教学实验，尝试构思一种较为稳定、高效的课堂教学模式。

后来，我在语文课堂教学中开始实施"5·3·1课堂教学模式"，即有计划地将每节课45分钟划分为三个阶段——5分钟的读说训练，30分钟的导读点拨，10分钟的巩固质疑。

"5·3·1课堂教学模式"要落地、有效，必须回答三个问题：一是怎样使读说训练既服务于教学，又有利于读说能力的提高？二是怎样使30分钟的导读点拨既充足又实用？三是怎样解决学生"开口难"的问题，使学生大胆提问？

在那一年全县举行的青年教师优质课比赛中，我采用"5·3·1课堂教学模式"主讲了一节阅读教学课《在烈日和暴雨下》，我巧用课时，长课短教，学生们思维活跃、积极发言。这堂课当时得到了教研员和听课教师的一致好评。

现在看来，即使是在语文教材经过多次改版后的今天，这种课堂教学模式仍有它的用武之地，特别是对解决农村学生"开口难"的问题依然有效。教师要营造宽松的氛围，使学生敢说；激发怀疑的意识，使学生想问；教给可行的方法，使学生能问；培养持久的兴趣，使学生善问。

写作：以"同步"切入

后来，当我开始承担初三年级的语文教学工作时，在写作教学方面又遇到了难题。那时候，学校的公开课、示范课，甚至包括各级各类的优质课比赛，几乎很少见到作文教学课。赛课教师似乎不约而同地选择回避写作教学。

我阅读了不少语文名师的写作教学文章，也曾试着去市面上寻找合适的写作教辅资料。或许是因为我的阅读面较窄、领悟力不够，将那些材料移用到我的写作教学课堂上，效果始终不佳。

在一次语文日常测验的过程中，我突发奇想，尝试着和学生一起做试题。基础知识题做完了，时间还充足，我便开始写作文。这一写，让我冷汗直冒，我似乎根本无法下笔！后来，我将其总结为考场作文有"十难"：动笔难、选材难、构思难、表达难、书写难，难在懒习惯，难在无准备，难在无积累，难在笨笔头，难在钝思维。

至今我依然清晰地记得，那场测验要求以"谅解"为话题写一篇作文。当时我左思右想，终于完成了一篇800字的作文。虽然我自己对这篇作文谈不上满意，但第二天，当我在课堂上把这篇文章读给学生们听时，没想到学生们听得异常认真，等我读完后，他们甚至自发鼓起了掌。

那一刻，学生们的掌声激励了我，也让我对如何进行写作教学有了一丝灵感。

事非经过不知难。没有亲自体验，何以知其艰难？没有深刻独到的写作感受，何以有效地指导学生作文？教师只有多"做"文章，才能知其难、明其理、通其道。

之后的语文测验，我都要求自己和学生们一起完成作文。师生同时知题、同场写作、同一要求、同步完成，我将其称为"同步作文"。

在完成一篇又一篇"同步作文"的过程中，我和学生们一起摸索到一些写作门道，比如从一个侧面写人、带一种感悟叙事、怀一种情愫写景、分一些层次说理、从不同角度叙事等。当然，这只是初期的"建模"，但这种"建模"，可以让学生由"入模"到"破模"，进而学会"创模"。

古人云，"文以载道"。在写"同步作文"时，我自然而然地将"道"与"德"渗透其中。比如，在《生命，在玩乐中伤痕累累——写给迷恋网络的孩子们》《我想告诉你》《我的青春我做主》等"同步作文"里，我将自己的亲身经历和生命感悟以作文的形式与学生们交流，在教语文写作的同时，也达到了润物细无声的德育目的。

情境：把语文教"活"

十余年前，江苏省特级教师冯为民老师赠送我一本著作。著作中的一篇文章《语文教学中的"死活律"》让我琢磨了很久。我反思自问：如何能把语文教"活"呢？

把语文教"活"，首先要把学生的思维激活。后来在语文课堂上，我有意不按套路出牌，培养学生的思维能力。比如教学《孔乙己》时，学生完成情节梳理后，我抛出这样的问题："哀其不幸，怒其不争"是鲁迅先生对孔乙己等人的情感和态度，如果孔乙己读到《孔乙己》这篇文章时，他又会想些什么、说些什么呢？变换角色之后，学生学会从不同角度思考问题，思维一下子被激活，纷纷举手，有话要说。语文教师可以通过合理设问、改善提问，引导学生发散思维，激发学生自主思考，从而提升课堂教学的质量。

另外，我也注重在语文教学活动中引入"活水"。比如，我在综合性学习中引入《百家讲坛》，在说明文阅读教学中引入"鸟巢""水立方""神舟号""蛟龙号"等，在演讲活动中引入社会时事热点……就这样，在日常生活中，我多了一双善于发现的眼睛。电视里、网络上、生活中的一些新闻、逸事，很自然地成了我语文课的"常客"。生活和语文的密切结合，用今天的话来说，便是运用真实的生活情境开展丰富的语文教学活动。教师要创设真实情境，激发学生的学习意识，提升学生解决实际问题的能力，让学习真正发生。

"问渠那得清如许？为有源头活水来。"身为教师，我们要善于用敏锐的眼睛，去发现教学问题；用清醒的大脑，去寻找解决办法；用果敢的行动，去追寻教育梦想。

（《中国教育报》2023 年 2 月 17 日第 3 版）

34 从学科知识到课程价值的追寻
——一次公开课的四次蜕变

陈明青

人物介绍

陈明青，华东师范大学第一附属中学思想政治课教师，正高级教师，全国模范教师，上海市特级教师，教育部大中小学思政课一体化建设指导委员会委员，教育部基础教育教学专家指导委员会委员，代表著作为《思想政治学科认知结构及教学构建研究》。

2021年9月我接受了一次公开课的任务，课的题目为"我国产业结构调整及劳动就业"。我紧锣密鼓地开始准备工作：研究课程标准，研读教材，从知识与技能、过程与方法、情感态度与价值观等方面入手确定教学目标，将教学活动分为"导入""理论研讨""理论联系现实""联系自身发展，谋划未来职业"四块内容，并设计课后作业……从试讲到正式公开讲授，这一次公开课让我经历了四次蜕变。

第一次蜕变：基于"学生认知起点"的教学意识萌发

起初，精心设计的教案，试讲效果却并不理想，课堂上几乎很少有引发学生深层次共鸣的问题，同仁对此评价道："这堂课是一堂比较典型的以教师个人力量推动的课，虽然学生能在课堂上开展一定程度的自主学习，但实质上还是完全由教师主导的课堂表达。"

为什么会出现这样的问题呢？该怎样改进？思想政治学科知识具有怎样的特性？学生是如何建构思想政治学科知识的？对于这些问题的思考，成为解决问题的突破口。

用社会科学的观点分析，思想政治课的知识体系属于"社会知识"，其形成、建构与发展都受一定价值观的引导，其研究范式应是一种以实践性为主的重认知与体验的模型。由此，思想政治课教学中对知识体系的学习，教师不能仅从知识的传授、记忆或自身主观建构知识的方式出发，而应从学生的问题出发，让学生融入周边社会，观察现象、寻找问题、确定研究角度，从而获得比较完整的个体体验和合乎逻辑的验证方式，这才是思想政治学科知识的建构方式。因此，把学生经验融入思想政治学科教学场景中，在尊重与发掘学生生活实践体验的基础上，通过教学设计寻求帮助学生形成良好知识结构、关键能力和价值观的方法，乃是思想政治学科知识教学的题中应有之义。

反观我的教学设计，在教学目标定位上忽视了一项重要的内容——学生认知起点。比如，学生是否如教师预想，由于"产业结构"离他们生活比较远，他们对此一无所知？又如，如果学生对"产业结构"有所认识，那么学生的认识是从何而来的？其中精彩点是什么？错漏点在哪里？空白点有没有？事实证明，只有教师把握了学生认知起点，关注学生对已有认知经验的重构，课堂才能引起学生共鸣，引导学生深度思维。

第二次蜕变：基于"理性养成"的教学设计

为了解学生的认知起点，我在课前设计了学情调查问卷。多个学生在问卷中提出了这样的问题："教材上说'科技是产业结构调整的根本动力'，那么我国只要一门心思提高科技水平就能调整产业结构，为什么还要提出如此之多的产业政策？""经济发展了，产业结构是否一定是合理的？""产业结构不合理，就业情况一定不好吗？"

显然，仅将"科学技术"作为产业结构调整的根本原因，尚不足以完整解释我国为什么要主动调整产业结构。依循结构化教学思想，我在教学中设计了"知识重构"的环节，即帮助学生通过将生产、消费、就业和产业结构相关知识进行结构化，从整体上理解我国主动出击调整产业结构的原因和重大意义，正确评价和认同我国产业结构调整政策，深刻认识高质量发展的时代内涵。"知识重构"环节旨在整合学生经验与教材知识，把教学内容真正定位为基于学生认知起点的要素统合，在具体操作中主要包括学生已有经验外显、教材知识逻辑生成、相关资源支持，以及介于以上三者的教学内容重构等环节。

在此番教学设计调整中，我一直在思考：思想政治学科知识体系承载着怎样的课程价值？这样的课程价值如何在教学过程中逐步实现？思想政治课的知识体系价值主要表现为教学中的理性养成。理性是价值的一部分，从认知过程分析，理性是在个体思维的深入发展中得以成熟，处于初级层次的认知无法形成深度理性的思维。因此，思想政治课教师需要从记忆、理解、应用、分析、评价等多个维度开展理性思维的活动，促进学生认知能力发展和理性的养成。由此，思想政治学科知识体系承载的是思维发展和理性养成的责任，这样的课程价值在认知能力由低到高的螺旋上升过程中逐步得到实现。

第三次蜕变：基于"学生收益"的课堂生成应对

对学生起点的把握不仅在课前，也在课中。教师在课堂上及时关注并利用学生的生成，使之与预设的教学内容整合，整体推进教学进程，教学会更有实效。教师能否把握生成，与教师本人所持的评价观有关。如果教师把"学生收益"，而非教师自身对课堂教学的预期，作为有效教学的评价标准，就能在课堂上捕捉到学生的生成，并将其作为指向教学目标的课程资源。那么，思想政治学科的"学生收益"表现在哪些方面？课堂上应该如何将学生的生成变成学生的收益？

思想政治学科中的"学生收益"表现在很多方面。比如激发兴趣，教学要能够激发学生对身边的事物产生兴趣，让他们更关心客观世界的人与物，关心社会、国家的现状与变化等；又比如学会学习，教学不仅仅在于告诉学生结论是什么，还在于带领学生体验得出结论的思维方法，诸如可以从哪些渠道得到信息（资源），如何判断信息（资源），以及渠道是否准确和权威等；再比如学会交流，要教会学生与他人共同学习，在合作中倾听、理解他人的观点，寻找机会表达自己的观点等。

基于以上对"学生收益"的理解，我在《我国产业结构调整及劳动就业》一课教学中这样应对学生在课堂中的生成：

（学生小组建构模型，教师对各小组活动进行辅导。）

教师：同学，你怎么不参与小组的讨论？

学生：我的观点和他们不一样，我自己画自己的关系图。

教师：（拿起这个学生画的关系图）能解释一下你这样画的道理吗？

（该学生做出解释。）

教师：蛮有道理。（又拿起这个小组其他学生画的关系图）这是谁画的？也请来解释一下。

（另一个学生做出自己的解释。）

教师：（拿着两张关系图）刚才我听了你们各自的解释，我倒觉得你们之间有个地方是个很好的互补，你们能找到这个互补的地方在哪里吗？两张图的创作者可以尝试一起完善其中的缺失，稍后共同向大家展示。

这是一个"不起眼"的教师参与学生讨论的教学片段。在这段师生对话中，我不仅关注课堂推进，即关注学生小组建构关系图的进程，更关注学生小组活动中合作学习的情况。德国哲学家哈贝马斯围绕如何应对现代世界之思想、价值多元的问题提出了"交往理性"的论述，他指出人类社会的存在并非以独立的个人为基础，而是以"双向理解"的交往行动作为起点。思想政治课堂是一个育人场，教师要关注学生的个体表达情况——观察学生能否清晰提出指向目标的观点，并提出支持自身观点的基础；还要关注学生与他人共同学习的情况——观察学生能否理解他人所提观点，在给予他人发表意见的机会的同时，寻找合适机会表达自己的观点。这也是思想政治学科学习中重要的"学生收益"。

第四次蜕变：基于"课程价值"的思政课教师责任

最后，我的公开课较为圆满地拉下帷幕，但仍有一个问题萦绕在我的脑海里：思想政治学科课程价值对思政课教师提出了哪些专业化发展的要求？

经过思考，我认为至少包括以下三个方面。

第一，要在发挥教师主导性和学生主体性的统一上着力。上好思想政治课要充分发挥教师和学生各自的积极性与作用，同时把教学出发点真正转向学生，以学生的发展为本。一方面，教师要以专博结合的知识结构、辩证唯物主义和历史唯物主义思维、较强的时政敏感性和理论联系实际的能力来把握教育导向；另一方面，教师要直面学生成长发展的需求，探索行之有效的方法与手段，激发学生学习思想政治课的主体积极性。

第二，要在传授知识方法和坚定理想信念的统一上着力。理想信念建立在信服的基础上，要让学生信服，不能只给学生现成的知识结论，还要把知识结论得出的逻辑过程还原给学生，让学生在主动参与中，获得情感认可、经历价值判断与选择，从而达成认同。教师还要把知识结论得出过程中涉及的思想方法教给学生，有计划、有步骤地进行指导，以帮助他们迁移正确的知识方法，以应对不断变化发展的未来生活和世界。

第三，要在思想政治小课堂和社会大课堂的统一上着力。一方面，教师在小课堂中要关注如何用马克思主义及其中国化创新理论回应学生关切的社会热点问题，在解惑中提高学生的思想政治素养；另一方面，教师要积极探索拓展多种形式的社会实践，鼓励学生将小课堂中的"认知"和大课堂中的"践行"结合起来，用理论体系观照现实，用实际行动推动社会实践的进步与发展。

一次公开课，四次蜕变。当思想政治课教师站在课程价值的高度来思考学科教学时，就能越发深刻地感受到思想政治课的作用不可替代，思想政治课教师责任重大。

（《中国教育报》2023年3月24日第5版）

35 心中有目标 眼中有学生

闫白洋

人物介绍

闫白洋，上海市吴淞中学生物学教师、副校长，正高级教师，上海市特级教师，华东师范大学博士研究生学历，理学博士学位。教育部"双名计划"名师培养对象。参与国家课程标准修订、北师大版和沪科版教材教参编写等教改项目，主持或参与市区级项目 10 多项，出版或参与编著 7 本，成果获得"2014—2020 年上海市优秀教育科研成果评比"二等奖和"2022年上海市基础教育优秀教学成果评选"特等奖，发表期刊论文 60 篇。

现在教学班级的学生数量多是 40 人以上，一节课下来，有的学生认真听讲，有效互动；有的学生处于"半游离"状态，当听到自己感兴趣的课程内容时，就抬头认真听一会儿，然后又低下头了；还有的学生处于"完全游离"状态，没有真正投入到课堂学习中。教师和学生之间似乎隔着一层屏障，如何去除这层屏障？如何实现群体学习和个体学习的平衡？为此，教师必须做到"心中有目标，眼中有学生"，要激发学生的学习兴趣，让学生动手去实践，设计学习目标和表现量规，从而实现学生的全方位个性化发展。

设计情境激发学生的学习兴趣

人生的经历常常会与最初的理想开玩笑。说起来，相比于教书育人，读研时的我更喜欢做研究，格外青睐数学、分子生物学研究，但是，当时的一次实践活动，却为我打开了另一条人生之路。

当时还在华东师范大学读研的我被委派去上海动物园，担任生物知识讲解员。在三天时间里，我接待了一批又一批孩子，带领他们开展"寻找动物园里的三角形物体""探索北极生态系统的奥秘"等活动。其间，看到孩子们不时睁大眼睛，提出一个个"为什么"，我忽然感悟到教师这一岗位的重要价值："原来教室的空间可以这样开阔，教学的内容可以如此丰富，当老师挺有意思啊！"

2007 年，我成为一名高中生物学教师。可是没多久，我就发现，尽管生物世界那么五光十色，但学生们对我提出的许多问题却并无兴趣，以至于当时我的课堂上经常出现尴尬的场面，几乎让自己难以下台。

我觉察到课堂上一定存在隔阂，而造成隔阂的责任首先在教师自己。于是，我在反复思考中，想起了自己读研时担当讲解员的经历，想起孩子们的发问都源自他们看到的感兴趣的事物，而不是笼统的教材内容。

基于这番思索，我很快改变了自己一脸严肃的讲课风格，经常和学生在课余时间谈天说地，捕捉他们的所思所想，挖掘他们的学习兴趣，在此基础上完善教案，因势利导，让每节课的教学达到预期效果。

有一堂课让我尤为受益。在一次"遗传定律"的教学中，我设计了一个颇具生活气息的问题："爸爸妈妈都是双眼皮，能不能生出单眼皮的孩子？"这个问题一下子引起了学生们的热烈反响，有学生说："我爸爸妈妈是双眼皮，我也是双眼皮。"也有学生说："我爸爸妈妈是双眼皮，但我是单眼皮。"还有学生说："我的爸爸是双眼皮，妈妈是单眼皮，我是单眼皮。"……

面对学生们的回答，我趁势导入教案上的规定动作——剖析生物学家孟德尔的豌豆实验，随后将两者结合，从宏观表征（单眼皮还是双眼皮等），到微观表征（基因和蛋白质等），再到符号表征（AA、Aa 等基因型）进行探讨，把这堂有关"遗传定律"的教学课，从"严肃的听讲"变成了学生们"火热的思考"。

就这样，我坚持教材为纲、资料辅助、学生兴趣三要素，解决了教学中的一个个难点，实践了"社会性科学议题教学法""三重表征教学法""科学论证教学法""任务群教学法"等 20 多种教学方法，上课时间减半，教学效果却显著提升，真正做到了事半功倍。

动手实践培育学生的核心素养

随着高中新课程新教材的推广，如何进一步激发学生动力，提升学生核心素养，成为我心中新的命题。

学生小夏最初对"微生物培养、鉴定和分离"充满了困惑，每次做题都会出现很多错误，常为之深感苦恼："唉，我其实并没有偷懒，该背的内容都背了，该看的教材、该做的作业，也都认真看了、做了，可我为什么还是经常出错，是不是自己太笨了？"

其实，小夏的问题并非个例，而是在以核心素养为导向的教学改革中出现的普遍现象。基于书本的学习，对学科概念的理解仅停留在表面，当遇到真实情境问题时，学生很难调用和迁移，而且真实情境的问题是很复杂的，还需要一定的学科思维和学科方法的支持，仅靠"传授"是行不通的，它更依仗学生的动手实践。在动手实践中可以将学科概念结构化，并进行学科思维和学科方法的培养，提升学生解决问题的能力。

在发觉小夏的苦恼后，我就邀请他一起参与到创新课题研究中，引导他将"落叶再利用"和"微生物培养"合而为一，进行创新课题研究。我带领他查阅文献、设计方案和实施实验，当时正值暑假，实验室内很热，即便汗流浃背，小夏仍然坚持和我一起研究落叶微生物的发酵技术，在几经失败后终于写出了《基于落叶资源化利用的景观生态开发研究》一文，并获得第 35 届上海市青少年科技创新大赛一等奖，这进一步激发了小夏对生物学的探究兴趣。

这些教学探索逐渐形成了"做中学"的育人模式，针对学生个性化的特征，我指导学生完成了"宝山区城乡居民对城市湿地生态服务功能及保护现状的调查分析""南汇东滩盐沼湿地大型底栖动物潮周期变化特征及影响因子""风暴潮灾害经济损失评估方法研究"等多个课题研究，帮助学生在研究中掌握学科概念、提高综合素养。有时候，我还在主题日带领学生去实践，2021年3月1日，《中华人民共和国长江保护法》施行，我带领学生到长江口岸开展创新实践活动，取得了不错的教学效果，上海电视台《新闻坊》栏目对此做了报道。

制定表现量规激发学生的自主学习力

教学目标是课堂教学的起点与归宿，它直接关系着教学活动的开展与教学质量的提升。然而，如果学生"看不见"或"看不懂"教学目标，学习就会成为一种外在的压力，而不是学生的内在需求，这样学生很难真正地成为学习主体。我尝试在教学中将"教学目标"转化为学生的"学习目标"，为学生"所见""认同""内化"，并根据学习目标制定学生的表现量规，让学习真正地深入学生的内心，促进学生的有效学习，让导学功能得以真正发挥。

例如"细胞呼吸"的教学，教材设计的学习目标是："从物质与能量角度说明细胞呼吸过程""通过探究酵母菌的呼吸方式，认识不同条件下细胞获取能量的方式不同"。此学习目标对应课程标准，但我通过与学生交流发现，学生很难理解此项学习目标，尤其是对于"说明""认识"等词汇，学生很难理解其要求的程度。于是，我根据课程标准要求，参考教材内容，利用马扎诺的教育目标分类理论，先建立该内容的陈述性知识和程序性知识系统，基于教育新分类二维框架，设计了学习目标和表现量规，编写了这节课的学习目标——"我可以说出细胞呼吸的概念、实质和意义""我可以用流程图正确绘制出有氧呼吸和无氧呼吸过程""我可以说出探究不同供氧环境下酵母的呼吸方式的实验中关键的要素"等，让学生能够读懂学习目标，并基于此学习目标制定了表现量规，教师可以利用表现量规评价和改进课堂教学，学生可以利用表现量规自我评价、监测和安排学习过程。

学习目标和表现量规如何常态化实施与落实呢？首先，教师要详细解释目标和量规是什么。其次，教师要对学习目标和表现量规进行改进，使其浅显易懂。在课开始时和课结束时，我都会带领学生一起聚焦学习目标，并将教学活动和学习目标相联系，根据学习目标设计相应的学习活动和作业。经过一段时间，我发现学习目标和表现量规的引入有效提升了学生主动学习的能力。

如何在新课程新教材背景下提高课堂效率？经过多年教学实践，我认为，教师不仅要心中牢记目标，依据目标设计课堂教学和作业，制定表现量规激发学生自主学习的动力，还要时刻关注每一个学生，通过设计有意义的情境和动手实践、生动表达、眼神交流等方式提升学生的课堂参与度，平衡群体学习和个体学习，促进学生高水平和差异化发展。

（《中国教育报》2023 年 4 月 7 日第 5 版）

36 助燃　自燃　共燃
——点燃课堂的三重火焰

刘　静

人物介绍

刘静，湖北省襄阳市第五中学英语教师，特级教师，正高级教师，享受国务院政府特殊津贴、湖北省政府专项津贴专家，教育部"双名计划"名师培养对象，全国中小学外语教学名师，全国优秀辅导教师。曾获一师一优课部级优课、全国高中英语教师教学基本功大赛一等奖等多项奖项。

爱尔兰诗人、散文家叶芝曾经说过："教育不是注满一桶水，而是点燃一把火。"教师不是柴火燃烧自己，而是火柴去点燃学生。课堂上，"点"是让学生学习发生的催化剂和条件，"燃"才是目的，是学习的过程。只有点得科学，才能燃得更旺。

我认为，任何一位优秀的教师都不能将其工作职责仅仅局限于课程内容的传授，教师要让学生对生活充满热情，对自身的能力充满期望。我们的课堂如果能够点着"助燃""自燃""共燃"这三重火焰，就能帮助学生树立自信，挖掘潜能，感受生命的意义。

第一重火焰：助燃

教师应正确认识自身角色，教师不是管理者，而应成为学生的同伴和服务者，帮助学生发现学习的乐趣，点燃学生的自主学习热情。

我的 2022 届英语课代表是一个非常有责任心和上进心的女孩，可是她的英语成绩却并不理想。在一次又一次被自己的考分打击之后，她哭着对我说："老师，我英语这么差，不配当课代表。"像她这样在英语学习上存在困难的学生，其实不在少数。经过观察，我发现这些学生有一个共同特点：因英语基础薄弱而怯于在课堂上表现自己。比如，在平时的课堂听写中，我经常鼓励学生们主动走上讲台参与英语听写，但由于听写内容较多、难度较大，积极上台的学生基本上都是英语学科的学优生。

为了让更多学生主动参与到课堂听写的环节中来，我决定调整教学方式，采用"2+1"策略，即两项改革加一条规则。

首先，课前延长准备时间，给学生充分的心理缓冲时间和自我挑战的准备时间，尽可能让基础薄弱的学生减轻焦虑。其次，课上采用跑动听写的方式，即将一个单元的单词切割成若干板块，每四人一组到黑板上听写，每组只写一个板块，这样在减轻听写任务的同时又创造了更多的听写机会。与此同时，我又宣布了一条听写规则：凡是主动上来听写的学生，即使写得再糟糕，也会得到教师的表扬。

事实证明，"2+1"策略有效激发了学生的课堂参与热情。记得有一天，我刚走进教室，就看见黑板前早已整齐地站了四个学生准备当听写志愿者，我很奇怪："这么早站这里干什么？"他们异口同声地回答："因为再晚一点就抢不到位子了！"每次第一拨学生的听写任务结束后，后面的第二拨、第三拨学生都会争先恐后地举手，争取表现的机会，这让我既激动又欣慰。

在备课组进行经验交流时，其他教师让我分享下我所教的两个班英语成绩优秀的经验，当我分享课堂听写的"参与盛况"时，他们都难以置信地惊呼："怎么可能？我们班学生最怕听写了！"我自豪地说："是的，我也特别惊讶，但我们班学生的确做到了！"教师要善于在课堂教学方式上做尝试、做探索、总结经验，帮助学生在课堂互动环节重燃信心，激发学生的学习积极性与自主性，培养学生良好的学习习惯。

第二重火焰：自燃

有生命力的课堂绝不应该只是教师的自问自答，也不是让学生围绕预设问题生成既定答案。然而，在时间紧、任务重的课堂中，时常会出现教师既是提问者又是回答者的情况，教师滔滔不绝，学生却沉默不语。我曾经听过这样一节公开课：一位教师把一套试卷讲评得有理有据，似乎说服了在场的每一个学生，但从课堂里的沉闷和服从氛围不难看出，这位教师虽然完成了一堂课的任务，却没有点燃学生内心好奇与兴趣的火焰，没有让学生感受到学习的喜悦与自我燃烧、点亮自己的成就感。

俗话说，授人以鱼不如授人以渔。一堂课中，学生应该获得的不只是知识与技巧，更重要的是追问、思辨的态度和品质。教师要引导学生学会自燃，鼓励学生发现自我价值、发掘自身潜力、确立自我发展目标。

与教师相比，学生更了解自己，同年龄段的孩子相互沟通起来，效果往往比成人与孩子沟通效果更佳。经过观察我发现，在某些方面表现比较优秀的学生通常能够采用更容易被同龄人所接受的方式进行合作学习。我开始反思，为什么不尝试把教学交给学生，让学生自主自燃？传授知识不只是教师的权利，每个学生都能够成为知识和信息的传播者。于是，我决定在课堂上采用"同伴导师制"的教学形式，让学生去教学生、教教师，通过这种方式激发学生的参与热情，充分尊重学生在课堂中的主体地位。

余秋雨说："一个不被挖掘、不被表述的灵魂是深刻不了、开阔不了的。不被表述的灵魂无法不断地获得重组。不断地表述实际上就是在不断地组建自己的灵魂。"为了让学生成为课堂的主角，我鼓励他们既积极担任"质疑者"，又主动成为"释疑者"。我发起"魅力导师"大赛，鼓励所有学生主动报名成为"同伴导师"，争做"魅力导师"，让他们明白"当你点燃自己照亮别人时，就是你最幸福的时刻"。

在"同伴导师制"的推行过程中，一些学生在讲解时出现紧张发抖、语言啰唆冗长、表达不准确、题目讲不清楚等各种问题，也引起了一些听众学生的质疑。

我没有因此而终止，而是引导学生开动脑筋、自主管理。学生们各显神通，一方面开展讲题的自评和互评，对各自的讲题表现进行交流和反思；另一方面做好每次讲题的错题统计、知识整合和筛选等方面的准备工作。在他们的积极准备和自我调整下，一学期过后，全班绝大部分学生都担任过"同伴导师"，经历过讲台锻炼的学生们俨然有种"小先生"的气度和派头，自主学习能力和自主管理能力也稳步提高。

从教多年，我有一个深刻体会：大部分优秀的学生都不是天生的，都需要经过后天的努力才能取得成功。教师应为学生营造一定空间和氛围，让他们充分实现自燃，即独立其精神，自由其思想，展示其风范。事实证明，几乎所有学生都可以在教师的正确引导下通过自身的刻苦努力自主发展。

第三重火焰：共燃

记得开学第一天，我就问学生一个问题："学习的意义是什么？"有人说是为了考上理想的大学，有人说是为了以后能找个好工作，还有人说是为了不辜负父母的期望……我说希望大家是为了快乐而学。带着功利目的去学习，很难创造出更有价值的东西。教师要引导学生体会学习的乐趣，激发学生的学习自主力，让课堂成为师生共燃的场域。

在上高中英语第二册第五单元"音乐"时，我让学生通过小组合作设计一个歌曲推广活动。令我惊喜的是：学生们不仅精心选取了各自最爱的歌曲，还设计出多国歌手共同参与的合唱模式，并通过学生现实合唱和歌手虚拟合唱相结合的方式进行推广展示。学生们的大胆尝试也点燃了我的思路与激情，我决定以实际行动融入学生。于是，我精心挑选了一首英文歌曲进行师生合唱，并通过多媒体技术进行后期制作。师生合唱这一形式，不仅让学生和我都感受到了音乐带来的快乐，也让学生深刻理解了"音乐是人类共同的语言"这一单元学习的主题意义。

同时，为了让课堂真正成为教学相长的土壤，我尝试创建"悦读沙龙"，组织师生共读，通过主题阅读传递学习的趣与美，从而激发师生共燃，实现师生共赢。

首先，结合师生日常工作学习生活、社会热点、兴趣爱好，提前确定阅读主题，师生领读人和阅读者根据主题选择自己喜欢的书进行分享。其次，每期预热阶段提前给出师生领读人计划分享的书单，引导学生课内外共读。最后，师生领读人进行线上线下分享，在相互激励和感染的共读氛围中，师生实现共同成长。

记得有一期"悦读沙龙"的主题为"梦想·起航"，具体细化为三大板块："你的梦想是什么""你如何实现梦想"和"当梦想照进现实"。师生借助视频、PPT 等工具，分享了《月亮与六便士》《我的梦想》《牧羊少年奇幻之旅》和《当幸福来敲门》等书的读后感悟。你读我也读，是一种氛围；师读生也读，是一种传承。"悦读沙龙"让师生在交流品鉴中收获情感共鸣与幸福增值，让师生通过共读实现共燃、共成长。

泰戈尔在《飞鸟集》中写道："不是槌的打击，而是水的载歌载舞，使鹅卵石臻于完美。"回归教育本真，教师要以"润物细无声"的教育方式，带领学生们穿越迷雾，与生命的真善美相遇，点燃学生对知识的渴望，点燃学生的生命激情，点燃学生挑战未来的勇气，这正是教师的重要使命担当。

（《中国教育报》2023 年 5 月 5 日第 5 版）

37 以探究实践促进科学思维的提升
——关于科学学科的教学心得

陈建姣

人物介绍

陈建姣，浙江省衢州风华学校初中科学教师，正高级教师，浙江师范大学兼职教授，浙江省教育学会中学科学教学分会常务理事，长三角教研联盟专家，浙江省特级教师，浙江省"万人计划"教学名师，教育部"双名计划"名师培养对象。在科学探究开放性、体现科学本质的科学教学等方面开展了较深入的实践探索。

浙江省初中段实行综合科学课程的改革已走过 30 多个年头，我从 1996 年大学毕业至今一直任教初中（自然）科学。"和谐平等、激情带动、突出本质、互动生成"是我的教学主张，其中"突出本质"体现的是科学这一学科的特色，而科学探究是科学本质的重要方面。从 2011 年版初中科学课标的"科学探究"到 2022 年版义务教育科学课标的"探究实践"，我都依标努力实践。体现科学探究实践的科学课深深地吸引着我的学生。探究实践既是科学学习的内容，也是学习科学的重要方式。经过深入的实践与反思，我也领悟并践行了"通过探究实践促进学生科学思维的提升"这一学科育人目标。探究实践如何促进科学思维的提升？下面，与大家分享几个与探究实践相关的教学故事。

以探究实践转变思维方式

　　"遗传与进化"是浙教版科学教材九年级下册第1章"演化的自然"第5节的内容，其中"遗传"部分包括"遗传和变异现象""遗传物质的传递"两部分。DNA、基因及基因对性状的控制是"遗传"部分的重要内容。在教学实践中，根据自己对教材的理解，并依据学生在此之前学习了大量能支持"结构决定功能"的相关科学事实，我结合DNA的结构模型图介绍DNA分子的结构，之后便快速进入"基因"的教学，强调"基因是DNA分子上起遗传作用的有效片段""基因控制生物的性状"，我以"电视机遥控器控制电视音像的性状"类比"DNA上的基因控制生物的性状"，以便学生理解"基因是DNA分子上起遗传作用的有效片段""性状与基因间的对应性"。

　　然而，上述教学，学生的学习效果并不佳。在"具体情境中，考查基因对性状起控制作用"的测评中，学生依然弄不清楚性状与基因的对应关系，弄不清楚性状不同是因为基因不同导致的。

　　反思上述教学，虽然采用了直观教学法、类比教学法，而学生是从"结构决定功能"这一共通概念演绎到基因的学习中——性状的不同是由基因的不同结构决定的，但学生对基因的结构却不了解，缺乏相应的证据支持。那如何让学生获得形象的证据支持，又不超出初中的课标要求呢？

　　在一次校内的名师教学展示活动中，我对这节课进行了重新设计，通过以下环节组织学习：学生搭建DNA分子模型；学生介绍DNA分子的基本结构单位；学生介绍每个基本单位的结构组成；观察所给模型，推测不同基因的主要区别。对"脱氧核苷酸的结构"并不做知识上的要求，只是作为认识基因结构的基础。当学生建立起"不同的基因，其结构是不同的；不同结构的基因决定了不同的性状"的认知后，它的使命就完成了。因此，"脱氧核苷酸"并未出现在这节课的结构化板书中。

在改进后的教学中，我运用了模型开展探究实践，而这样的探究实践不仅成功构建了基因的概念，更促进了思维方式的转变。初中科学的学习是沿着"寻找证据"到"建立概念"的方向进行的，而非完全通过抽象的演绎来建构概念，即便是"基因"这样的抽象概念。

以探究实践培养思维方法

"物质的构成"是浙教版科学教材七年级上册第 4 章"物质的特性"第 1 节的内容，该内容包括"物质由分子构成""分子之间存在空隙""分子处于不停的运动之中""分子之间的引力和斥力"等。教材在该部分安排了"观察蔗糖""酒精和水的混合""芝麻和黄豆混合""气体扩散实验""液体扩散实验""铅柱粘合实验"等丰富的探究实践活动。

在以往教学中，我会将上述探究实践活动通过演示或小组合作的方式一一开展。学生也会学得不亦乐乎。但是这样的教学，只是停留在教教材的层面上，只是让学生参与了"做"，而对学生思维的提升效果并不明显。

在一次浙江省的"百人千场"送教活动中，我对这节课进行了新的尝试。在这节课中，我以知识为明线、以科学思维方法为暗线来组织教学。

在观察方糖的活动中，当学生将碾碎的蔗糖粉末放入水中后，发现蔗糖粉末不见了。这时我问学生："蔗糖还存在吗？""还存在的蔗糖为何不见了？"学生马上回答："这时蔗糖以分子的形式存在于水中，所以看不见了。"我追问道："那么，你是怎么确定的呢？"这时，学生无言以对了。随即，我接过话题："科学史上，也是因为分子很小，曾经无法直接观察到它，导致阿伏伽德罗提出的分子学说直到他去世，仍然没有被大多数化学家所承认。"之后，我再介绍扫描隧道显微镜及其视野下的分子。这部分的教学，为科学思维方法埋下伏笔："我们今天也要研究分子，但没有扫描隧道显微镜，怎么研究呢？"由此确定研究所需的主要思维方法：从直接感知的现象推测无法感知的事物。这样的思维方法在生活中也常用到。

从"酒精和水混合后总体积变小"推测出"分子间存在空隙",从归纳出的"物质能扩散"逐级推测出"分子是会运动的""分子处在不停的运动中""分子在不停地做无规则运动",从"高锰酸钾在热水中的扩散比在冷水中快"(用高锰酸钾消毒片替换教材实验中的红墨水,以便于学生操作;而本节内容的分子泛指构成物质的微观粒子)推测出"温度越高,分子无规则运动越快",从"铅柱粘合实验"推测出"分子间存在引力"……

在本节课的教学中,我还运用了预测、分类、模型、归纳等思维方法。在学生做"酒精和水混合实验"前,让学生对实验结果进行预测,学生经过讨论得出:若分子间不存在空隙,则混合后,总体积可能是不变或增大;若分子间存在空隙,则混合后,总体积可能是不变、增大或减小。当学生通过实验发现,混合后总体积减小,则不难推测出"分子间有空隙"的结论了。为加深理解,可让学生从微观视角画出酒精和水混合的模型。从气体扩散实验、液体和固体能扩散的事实,归纳出"物质能扩散"的结论,学生再基于此进行推测。

在这节课的小结环节,我让学生对本节课的实验、观察、控制变量等科学方法进行了反思,也对推测、预测、分类、模型、归纳等科学思维方法进行了小结。这次尝试,不仅走向了用教材教,也很好地落实了学科核心素养的培养。

以探究实践建构思维模型

2012 年,我的一个徒弟参加了浙江省衢州市初中科学优质课评比,这次比赛的课题是"大气的压强",我作为师父全程参与了磨课。这节课有很多实验可以开展,如覆杯实验、瓶吞鸡蛋、马德堡半球实验等经典实验。这节课学生也有一些前概念,如吸饮料、吸盘挂重物、胶头滴管吸液体等与"吸"相关的应用。因此,我们设计这节课时,将以往的教师演示实验或学生按设计好的方案进行活动改成学生自己选择仪器证明大气压的存在，设计了"吸饮料"比赛，揭示其中的原理。学生将覆杯、吸了液体的滴管、变瘪的矿泉水瓶、吞了鸡蛋的瓶子分别放入钟罩，并对钟罩进行电动抽气，产生杯中水落下、滴管中液体回到烧杯、矿泉水瓶复原、瓶子吐鸡蛋的实验现象。活动开放又热闹，比赛激烈又意外，徒弟凭借扎实的基本功演绎了精彩的一堂课，并获得第一名。

这节课真的如此完美吗？通过课堂观察，我发现学生在"证明大气压存在"的环节时像是无头苍蝇，对教师的演示只有惊叹而没有思维的发展。

下课后的调查证实了我的观察，我找了几名学生问了几个问题："证明大气压的方法是你们自己想出来的吗？""你是怎么想到用这样的方法的？""钟罩实验证明大气压的存在与你们设计的实验方法有相似之处吗？"结果发现，学生运用的方法是直接从教材或教辅上搬来的，根本没有一个寻找方法的清晰思路，也自然不清楚他们展示的方法与教师演示的方法间有何相通之处。这节课的设计存在问题，但我们当时却想不出解决的办法。

2013年6月，浙教版初中科学教材进行了改版，在"大气的压强"这一节增加了一个学生活动"瓶中取袋"：将一只薄膜塑料袋放入广口的瓶中，使塑料袋尽可能贴近瓶壁，将袋口沿瓶口翻过来，用橡皮筋紧紧地扎在瓶口上，试着将塑料袋从瓶内拉出。这个活动启发了我对这节课的重新构思，并进行了实践。

首先，让学生通过"瓶中取袋"活动真切体验塑料袋被外力压着而拉不出来的感觉，感受到大气的压力，从而验证大气能产生压强。教师再演示，将橡皮筋撤去后，便能轻易地将袋子取出。设问：用橡皮筋扎或不扎，外界的大气并没有发生改变，那为何我们的感受是不同的？学生用语言很难表达，只能讲出"内外平衡"的大概意思。我让两名学生上台模拟。甲、乙两名学生蹲马步面对面站立，甲用一只手掌紧靠乙的一只手掌，其他学生判断这两位是否施力。学生们建议某一方往后退，通过观察另一方的手是否运动做出判断。教师引导学生从中抽象出"瓶中取袋"的思维模型：通过减小袋与瓶之间（塑料袋一侧）的气压，来体现外界大气压的存在。

接着，我再让学生根据这样的思维模型，自己选择仪器证明大气压的存在，并要求学生在展示时说一说"用什么方法赶走空气""证明的大气压的方向如何"。教学中发现，学生在活动时不再像是无头苍蝇了！学生能清晰地汇报，分别用水、挤胶头、挤吸盘等多种不同的方法赶走空气。科学史上著名的马德堡半球实验也用了同样的思维模型。

还有不同的思路来证明大气压的存在吗？有了前面的思维模型作铺垫，学生很快想到反证法思维模型：使外界气压消失或减小，实验现象将复原。将水不会掉落的覆杯、吸了液体的滴管、变瘪的矿泉水瓶、倒置的吞了鸡蛋的瓶子分别放入钟罩中，用真空泵向外抽气，产生的明显现象再次佐证了大气压强的存在。

最后，进行归纳，无论是立证，还是反证，都是运用"物体两侧产生的压强差使实验产生明显的现象"这样的思维模型从而得出结论。至此，将各种各样的证明方法归为一个统一的思维模型，体现了科学这门学科思维的深刻性、简洁性和完美性。

探究实践是科学这一学科的特色，不仅要有形，更应有神。为发展学生思维而教的探究实践是核心素养背景下课程改革的新方向，我将继续努力实践。

（《中国教育报》2023 年 6 月 2 日第 5 版）

38 生本 生成 生长
——关于课堂教学的思考

邵长思

人物介绍

邵长思，广州市第七中学语文教师，正高级教师，南粤优秀教师，广东省五一劳动奖章获得者，统编版高中语文教材编者，人民教育出版社中小学教材培训优秀专家。代表著作为《中学语文教学流派与教学模式研究》。

教育过程是一个不断生长的过程，学习者通过不断学习新知识、挑战潜能实现自我成长。教育可以通过生本、生成和生长的方式帮助学生实现个人成长和发展。教育工作者应注重提升教育质量，提供更好的教育资源和环境，让每个学生都能在不断生长的过程中实现自己的梦想和价值。

生本：备课必须备学情

在旁人看来，我作为一位有着 30 多年教龄的老教师，备课不就是一件十分容易的事吗？但我自己不这样认为。去年，在连续教了八年高三年级之后，我终于回到高一年级执教。拿到统编版高中语文新教材，我决定趁着假期好好备课。现在网络上的课程资源十分丰富，教学设计、课件、练习、测试题等应有尽有。不到一天的时间，我就把语文必修上册的资料收集齐了，每篇课文都有近百个课程资源。我心中窃喜，有了这些资源，上课肯定没问题。但真正开始备课时，我却犯了愁：这么多资源都是好材料，但一堂课又能用多少呢？该如何选择，如何使用？真是老兵遇到了新问题。

向谁求教？向课标求教吧！我拿出最新版的课标，静下心来仔细阅读，一边看一边用红笔做标记，把课程性质与基本理念、学科核心素养与课程目标、学习任务群等一一理解透彻，然后翻开课本看单元导语和单元学习任务，这时再回头看手头收集的材料，有三分之二的材料我决定舍弃不用了。

还向谁求教？再向班主任求教吧！我找到班主任，向他借阅全班的学生基本信息登记表，认真分析学生情况，根据学情再一次梳理收集到的材料。我从庞杂的素材中选出了上课可能要用的材料，然后再精心设计，一篇课文的教学设计和课件就基本成形了。

但我心里依然不踏实。我设想的教学设计和课件究竟符不符合学生的实际需求呢？到底学生们是怎么想的？课堂上可能会发生哪些情况？我心里依然没有底气。按理说，一位教了30多年书的老教师，不该如此没有底气。但是新课标、新教材、新学生、新情况，一点儿都不容疏忽。我所教的两个班学生的基础不一样，教学设计肯定不能完全一样。一旦课堂上出现与预设不一样的状况，没有预案是不行的。我心想，还是得多准备几个预案，这样在课堂上可以根据学生们的现场学习情况，选用不同的预案。

没想到自认为教学经验丰富的我，在准备新高一的第一堂课时会是这样的不自信。当然，在这几十年的教学生涯中，我几乎每次备课和上课都有这种战战兢兢、如履薄冰的感觉，唯恐一时疏忽会耽误了孩子们。

庞杂的素材如何选择？教学方案怎样设计？课堂上该提怎样的问题？面对备课中的种种困惑，课标是依据，学情也是依据。教师在备课时一定要详细了解学情，以生为本，以目标为导向设计教学方案。有了翔实的学情分析，才可能建构高效的生本课堂。

生成：激发课堂生命力

记得在一堂关于《故都的秋》《荷塘月色》《我与地坛》的群文阅读课上，我设计了这样一道题：同一座北京城，三位作者看到的景色是不同的，他们的感受也不一样，请你试着分析景与人的关系。我当时预设的答案是：《故都的秋》中郁达夫与故都同享悲凉，《荷塘月色》里朱自清与荷塘同享宁静，《我与地坛》中史铁生与地坛同享孤独。

在几个学生做出回答之后，我把自己预设的答案抛出来与学生们分享。小张同学站起来说："我认为《我与地坛》中史铁生与地坛不是同享孤独，而是同享活力。"我马上意识到这个回答很有价值，并请全班学生在文本中找出支持或反驳这一观点的语句。学生们认真阅读课文并展开讨论，他们找到了以下语句来支持小张同学的观点。

蜂儿如一朵小雾稳稳地停在半空；蚂蚁摇头晃脑捋着触须，猛然间想透了什么，转身疾行而去；瓢虫爬得不耐烦了，累了，祈祷一回便支开翅膀，忽悠一下升空了；树干上留着一只蝉蜕，寂寞如一间空屋；露水在草叶上滚动，聚集，压弯了草叶，轰然坠地，摔开万道金光。

……

譬如祭坛石门中的落日，寂静的光辉平铺的一刻，地上的每一个坎坷都被映照得灿烂；譬如在园中最为落寞的时间，一群雨燕便出来高歌，把天地都叫喊得苍凉。

学生们讨论说，每一个微小的生命都在努力绽放，他们努力活出自己的样子，把自己的活力展现给大自然。这不是孤独，而是有活力的表现。

还有学生说，文学家冯至在《山水》中讲过，"在寂寞中，在无人告语的境况里，寄情山水，向大自然倾诉内心的独语"。表面看起来是孤独，实际上是精神的极度活跃，这何尝不是一种有活力的表现呢？

我顺着大家的思路和话题，引导学生们抓住文本、仔细分析，再慢慢引导到《我与地坛》这篇课文的主旨上来。我在黑板上板书："地坛荒芜但并不衰败，'我'残疾但不颓废。"学生们纷纷点头认可。

当时正值秋日，校园内的百年榕树正在落叶，金黄的落叶铺满了校园。我对学生们说："今天的语文作业是下课后去校园的落叶上走一走、玩一玩，继续体会史铁生与地坛同享的是孤独还是活力。"学生们欢呼雀跃，下课之后马上跑出教室，奔向大榕树。

第二天上课时，大家继续讨论这个问题。学生们引经据典，侃侃而谈，他们的回答比上一堂课深刻多了。

有学生引用哲学家邓晓芒 2018 年 1 月在纪念史铁生的活动中所讲的"史铁生在中国作家中是对哲学问题思考得最全面、最深入的一个，也是以他的文学天赋表现得最生动、最具震撼力的一个。他的作品必将逐渐呈现出思想的前所未有的深度和超前性"，来谈对史铁生作品的深度认识。

有学生表示，作家曹文轩曾说过"《我与地坛》像是与整个人类精神的对话与探寻，字字句句昭示'生命偶然，但不能轻视'这个主题"，这难道还不能说明史铁生与地坛都是具有活力的吗？

这堂课虽然超出了计划的课时，学生们的回答也不完全在我的预设答案中，但学生们经过深入思考，真正读懂了《我与地坛》，真正读懂了史铁生。这不正是教育的初衷吗？预设可以让教师提前规划好教学内容和教学方法，更加高效地进行教学，但生成才是更有价值的教育。学生们将来步入社会会遇到各种问题，可人生哪里有现成的答案等着呢？要解决问题，必须靠自己，靠自己的能力生成答案、攻克难关。

生长：掌握规律和方法

语文学科是基础学科，是高中学习的重中之重。但部分学生对学语文有畏难情绪，认为语文学科知识点繁多，需要大量记忆，短期内不容易提高成绩。这些学生往往困于矛盾之中，似乎陷入一个怪圈：知道语文重要，但不想投入时间和精力，却又想取得好成绩。

既然有这样一个怪圈，教师就要想办法帮助学生"破圈"。语文学习虽无捷径可走，却有规律可循，有简单易行的学习和复习方法。

以现代文阅读为例，我以命题者和评卷者的身份告诉学生们，现代文阅读题有很强的规律性，我的"破圈"秘诀是三个对话：与文本对话，与命题者对话，与评卷者对话。与文本对话，要求学生关注文本，关注基础，不要凭空想象、天马行空，要坚信所有的答案都会在文本中找到依据。与命题者对话，要求学生换位思考，从命题者的角度揣摩命题思路，从而找到解题方法。与评卷者对话，要求学生掌握答题规则，提高得分意识，站在评卷者的角度答题。

针对一些学生语文知识积累较少的现实，我的"破圈"秘诀是引导学生多阅读。我所任教的班级从高一开始每周都有一节阅读课，一直坚持到高考前夕。阅读课看起来很耗费时间，似乎与高考没有直接关联，但阅读可以提高人文素养、涵养心性、促进个人成长。同时，阅读还能锤炼价值观、增强思维的灵活性和深刻性。这既是高中语文课标的要求，又是高考语文重点考查的内容。

语文是一门十分有趣的学科，只要掌握了规律，用正确的学习方法去实践，语文并不难学。

教育是一门艺术，需要教师努力追求；教育是一门科学，需要教师探寻规律；教育是一项事业，需要教师倾尽全力为之奋斗。在多年的语文教学生涯中，我深刻领悟到，要以生为本，不预设，重生成，掌握规律，运用正确的方法为之努力，从而帮助学生实现全面成长。

（《中国教育报》2023 年 6 月 30 日第 5 版）

39 思维英语：为学生启智增慧

周大明

人物介绍

周大明，福建教育学院外语教育研究所所长、教授、特级教师，教育部国培专家，福建省中学英语名师工作室领衔名师，福建省教育学会外语教学委员会副理事长；曾获全国优秀教师等荣誉称号；多次参加国家统编初中英语教材编写；发表论文 50 余篇，出版著作 3 部，2022 年获福建省教学成果一等奖。

智慧的本质是思维。2017 年教育部颁布的高中课程方案和各学科课程标准以及 2022 年颁布的义务教育课程方案和各学科课程标准，无一例外地将思维培养作为课程目标和各学科核心素养的重要内容，英语学科核心素养包含语言能力、文化意识、思维品质和学习能力。这些年来我念兹在兹的思维英语目标追求与新时代英语教育新要求偶遇巧合，我内心的自豪感无以言表。

英语学习要理解与记忆并举

2011 年，我有幸入选福建省首批中小学教学名师培养对象。名师研修最具挑战的任务是要求每个人提炼自己的教学主张，并把自己的教学主张以专著或核心期刊论文的形式呈现出来。什么是教学主张，又该如何提炼？这让我一段时间内非常苦恼。后来，经过理论学习，我明白了——教学主张就是名师对教学的一种坚定的见解，是个性化的、独特的、稳定的教学风格。

基于这样的理解，我反思自己 20 多年来从教的恒定特征，重视思维可以说是我的一贯特点。我的学历起点低，1982 年中师毕业走上中学英语教学岗位，为圆大学梦，选择参加自学考试。上世纪 80 年代初期的自学考试，没有辅导班，没有复习材料，我抱着指定的教材对章节内容进行逐一解构、消化吸收，受古训把书从厚读到薄、再从薄读到厚的启示，通过提炼关键词、概述大意等方法，梳理知识的内在关联，再通过关键词、树状图等回忆还原章节的核心内容，效果很好，1987 年毕业还获得"福建省高等教育自学考试优秀毕业生"称号。

教学中，我把参加自学考试成功的经验做法迁移运用到课堂中来，阅读中引导学生寻找课文的主题、主线、主旨，指导学生梳理文章框架结构，启发学生对结构内的段落章节用一句话、一个短语或一个词来概括其大意。这些活动让学生很快抓住了文章的主旨要义、梳理出框架结构，并借助主题句、主题词还原概述文章内容，英语学习不再是死记硬背语法词汇了，而是理解与记忆并举。这对学生而言是一种思维挑战，是一种愉悦的心智劳动，学得快记得牢。他们戏称我的教学风格为"DAMING STYLE"（大明风格）。

了解了我的治学从教经历后，我的名师培养理论导师黄远振教授对我说："你的教学风格就是用思维策略学英语并在英语教学中发展思维能力，何不用'思维英语'作为你的教学主张？"是啊，长期以来英语教育备受"费时低效"诟病，其症结在于学习方法单一，学习内容浮浅，死记硬背机械刷题大行其道，"哑巴英语"就是这种教学方法的产品特征。导师鼓励我继续深化思维英语的理论研究，构建思维英语教学模式，为英语教育启智增慧开辟新赛道。

思维英语教学理念有何特点

思维英语的核心理念是用思维策略学英语，在英语学习中发展思维，倡导"学思结合、为思而教、阶段侧重、整体推进"。人们或许会问，思维英语与英语思维有何差异？其实，这二者的差异类似于课程思政与思政课程。课程思政是一种教育理念，即学科教学以传道为先、寓德于教；思政课程是一个结构体系、一种物质存在，包含课程方案、课程标准、教材、教学及评价。同理，思维英语是一种教学理念，要求教师具有思维意识和思维自觉，能动开展学思结合的教学实践；英语思维是一种思维方式，指用英语语言进行思考表达，是英语学习的理想境界。但是，根据乔姆斯基的语言习得理论，对于英语作为外语的中国学生来说，练就英语思维极其困难。

思维英语推行"文本+"课堂形态，将语言学习和思维训练统摄于文本情境中，做到单词拼读自然化、词汇学习语境化、文本学习问题化、问题探究思维化、思维培育活动化，"学—思—用"一体，在学习理解中侧重训练分析归纳、抽象概括等逻辑性思维，在运用实践中侧重训练分类比较、推测判断等批判性思维，在迁移创新中侧重培养聚合发散、模仿创生等创造性思维。思维英语注重把语言知识、语言技能作为教学对象，在教学情境中解决问题、建构知识，在主题阅读中厚植人文底蕴，推动转识成智。

如何构建思维英语教学范式

思维英语建构"情境—问题—知识"三角框架，其中，情境是切入点，问题是着力点，知识是落脚点，目标是发展思维、启智增慧。

下面笔者围绕"三点"具体阐述如何开展思维英语教学。

情境，即学思情境，教师应利用情境转变学习者身份，使之开展认知、情感和社会的学习活动。学思情境主要有三类：一是活动情境，教师要设计综合性、关联性和实践性的学习活动，使学生在真实活动中发展综合运用语言的能力；二是文本情境，所有课型都是从文本出发，如文本+词汇教学、文本+语法教学、文本+听说教学、文本+读写教学等；三是主题语境，教师要围绕三大主题和单元子主题选用富有时代性、趣味性、教育性的读物，开展群文阅读，形成内容与时空的共振情境，增强学习的代入感。

问题，即利用情境解决理解性、探究性和创造性问题。如通过悬念制造、反问诘问等手段，制造认知冲突，达成问题诱思；根据文本内容设计问题链，通过层层递进的问题链，引导学生由浅入深、由表及里理解文本、探究文本，挖掘内隐于文字背后的意蕴，发展高阶思维。学思情境注重培养学生的问题解决能力，强调在思维活动过程中引导学生发现问题、明确问题、提出假设、验证假设与反思改进。

知识，即英语学科的教学内容，学习陈述性知识、程序性知识和价值性知识。情境是知识的场景，问题是知识的介质。基于"问题情境"的知识教学应采用三种策略：一是向内部延伸，即联系课文、单元或相关话题的学科知识，让学生构建更大范围的知识体系；二是向外部延伸，即联系课本知识与生活经验，让学生走向知识与社会生活的意义关联；三是向主体延伸，即联系学科教育与学科素养，让学生走向主体性的丰富蕴含。

在"情境—问题—知识"三角认知框架结构中，思维是学习策略，更是发展目标，即要通过学习提升学生思维能力。为此，我认为开展思维英语教学最重要的是遵循英语学习规律和学生认知发展规律。我在实践中总结出一套"易学—乐学—巧学"提质增效机制。

易学，即创新教学方法，让学生学得快、记得牢。词汇教学可运用自然拼读法，让学生做到"见词能读、听音能写"，帮助学生尽快甩掉单词拼读的拐杖。知识讲授要创设问题情境，使语言学习语境化，在情境中运用知识，用知识去解决问题，从而实现"学中做、做中学"。阅读教学要文本问题化、问题思维化、思维活动化，开展主题阅读、群文阅读、整本书阅读，让学生在阅读中附带性习得词汇语法，在读写联动中深化语义认知，领悟语用功能。

乐学，即创设乐学环境，教师对学生要关心关爱、欣赏包容。教师要有教育情怀，饱含"爱"和"兴趣"。"爱"，即关心、关爱每一个学生，包容学生的成长性试错，欣赏学生的过程性表现，让学生"亲其师，信其道，乐其业"。"兴趣"，即保持创新意识和进取姿态，以阳光心态接纳每一个学生，关注学生的个体差异，专注所思所研所教，创新教学方式，拓宽资源渠道，积极运用激趣、情趣、意趣等方法，让学生对教师、课堂、读物葆有兴趣，怀有向学心，产生可持续的学习动力。

巧学，即创建便捷高效的教学模式，大道至简，简而不凡。"巧"即基于"情境—问题—知识"结构体系和"教—学—评一体化"课堂机制。如构建综合课 USE（理解—分享—表达）教学模式，教学目标指向"听得懂、捋得清、说得出"，创设阅读课 RISE 模式，做到"输入理解，探究赏析，梳理重构，迁移创造"逐步进阶。

我从教的第一所学校是一所乡镇中学，我把自己的第一届学生从初一带到高三，而后又连续教了 13 届高三班，每届学生高考英语成绩都很好，这与思维英语教学有很大关系。2011 年到福建教育学院工作后，我通过教师培训和名师工作室成员的辐射带动，使得思维英语教学理念在八闽大地渐次推广，改善了英语学习生态。学生乐学善思，一批本来英语成绩不佳的学生因思维英语而重拾自信，成就出彩人生，一批教师践行思维英语教学而成为名师。2022 年福建省基础教育教学成果奖中，中学英语方面共有 5 项成果获奖，其中 3 个项目的主持人和 2 个项目的核心成员来自我的工作室。近年来，我的名师工作室成员先后有 16 人评上特级教师，18 人评上正高级教师。

今年，我已届退休年龄。我为思维英语的培育推广乐此一生，无怨无悔。

（《中国教育报》2023 年 9 月 15 日第 5 版）

40 语文课堂应为"学"而教

李玉玺

—— 人物介绍 ——

李玉玺,现为山东省东营经济技术开发区小学语文教师,正高级教师,特级教师,国家"万人计划"教学名师,全国优秀教师,齐鲁名师。2018年获得山东省教学成果一等奖,2022年获得山东省教学成果二等奖。出版教学专著3部,在《语文建设》等期刊发表教育教学论文40多篇。

素养导向的小学语文课堂教学,教师要从"教学"转向"助学";课堂要从"育分"转向"育人"。素养导向的课堂最终要回归助力学生学习、助推学生成长的本质属性。

从"课堂"到"课程"

在踏上工作岗位之前,导师曾叮嘱我,胜任课堂教学工作,是当教师最基本的任务。带着这样的嘱托,我在属于自己的课堂教学中不断深耕,从校级优质课开始,拿到市级优质课一等奖,之后登上省级优质课评选的舞台。我也曾为这些成绩的取得而沾沾自喜过。2012年因为工作需要,我调动到一所新的学校,负责学校的课程建设工作。从课程的视野和高度重新审视当初的优质课,我有了新的思考:一节优质课究竟能带给学生什么,又能给学生留下什么?

课堂是点,课程是面。没有课程视角的课堂教学处于孤立状态,课时与课时之间缺乏有机联系,久而久之便形成

"课时主义"。素养导向下的课堂教学，教师则要具有课程意识，要从学科知识教学走向学科育人，实现从课堂到课程的转变。

比如教学《慈母情深》这篇经典课文，它所承载的学习任务是让学生体会作者描写的场景、细节中蕴含的感情。这篇课文通过对母亲工作厂房的场景、母亲工作时的情景和向母亲要钱的情景的描写，刻画了母亲工作环境差、工作劳苦，但是挤出养家糊口的钱来供作者读书的细节，一位慈母形象从文字之中立了起来。对三处场景的描写，作者运用了反复的手法，放大细节，传递情感，学生学习后心中留下了慈母的形象。如果学习不再向前推进一步，不再给学生进一步提供语言实践的机会，学生的语文能力也就仅限于理解内容而已。为了进一步将学习推向更深层次，就需要从课程重构的高度审视教学。在教学中，我以"阅读时，品味印象深刻的场景与细节，深切体会母爱的伟大"为主题重新建构学习内容，以《慈母情深》为基础学习文本，以《花边饺子里的爱》一文为拓展学习文本，在完成基础学习文本之后，进一步强化对场景和细节表达情感的认识，进行迁移学习和拓展。在学习过程中，我引导学生从异同两个方面展开对比，进一步体会通过场景和细节描写表达情感的方法。两篇文章一学一练，相互补充，组合达成一个共同的学习任务，建构起促进学习发生的微课程，达到了运用教材而又超越教材和学科育人的教学效果。

从"教学"到"助学"

回忆课堂教学走过的漫长路程，我和广大教师一样，曾花费巨大的精力来研究课堂教学，从教学目标到教学内容，再到教学流程设计、教学方法选择，无不一一深思熟虑，每一个教学环节的用时都经过精确计算，甚至课堂教学环节与环节之间的过渡语都一字不差地提前设计好。所有的这些备课工作，就是为了完成教学任务，达成心中所谓"好课"

的模样。当走过这样一段误区后，我突然醒悟：课堂是学生学习的地方，为什么所有的教学设计都围绕着教师如何教而展开？以"教"为中心的课堂文化，只关注教师教学行为的发生，而忽略学生学习本源性问题；教师只追求课堂教过了，却忽略了学生是否学会了。这样的课堂教学谈何效率，谈何核心素养培育？教学的最终目的是帮助学生学会自主学习。于是，我的教学理念发生了改变，把"教学"改变为"助学"，让教学为"学"而教。

2021年4月，我执教了一节省级古诗精读公开课，选定的古诗是杜甫的《闻官军收河南河北》。备课伊始，我就在思考这首古诗到底应该怎样引导学生学习，学生学习的困难之处在哪里。我翻阅过许多资料，大部分是从律诗的结构以及内容出发，引导学生从人物的神态、动作和心情来体会人物内心。这似乎没有错，但这都是从教的角度进行设计，不是学生学习之需。我又看过许多名师的课堂教学录像，尽管各有千秋，各有特色，大多还是把这首古诗作为展示个人教学风格和特色的载体，显然也不是我想寻觅的答案。于是，我反复思考，设计相关学习问题进行调研。后来发现，学生根本走不进诗人内心，难以体会诗人"喜欲狂"的心情，那么就无法体会诗人的爱国情感了。由于学生不知道安史之乱对民众造成的巨大灾难、给杜甫等人造成的巨大痛苦，就无法感受到诗人听到胜利消息后喜极而泣的情感。

于是，我决定在课堂教学中为学生提供诗人杜甫的生平经历，补充社会背景资料等助学资料。我重构了学习内容，引导学生学习安史之乱发生之后杜甫所写的《彭衙行》，从"痴女饥咬我，啼畏虎狼闻""野果充糇粮，卑枝成屋椽"的诗句中感受杜甫一家的颠沛流离之苦；从《茅屋为秋风所破歌》"布衾多年冷似铁，娇儿恶卧踏里裂。床头屋漏无干处，雨脚如麻未断绝"的诗句中体会杜甫生活的艰辛之苦；从《月夜忆舍弟》"有弟皆分散，无家问死生"的诗句中感受杜甫的亲人离别之苦；从《兵车行》"车辚辚，马萧萧，行人弓箭各在腰。耶娘妻子走相送，尘埃不见咸阳桥。牵衣顿足拦道哭，哭声直上干云霄"的诗句中感受百姓之苦；从《春望》中"国破山河在，城春草木深"的诗句中感受国家破败之苦。在此基础上，我引导学生走进所学古诗，在感受到诗人经历如此种种的苦难之后，突然听到期盼八年胜利的消息传来之后，诗人怎能不激动，怎能不兴奋呢？诗人那种难以表达的喜极而泣的心情，学生自然得以理解，"喜欲狂"的情感体验也就水到渠成了。学生通过朗读表达出来的情感是发自内心的真实感受。那节课上学生发自内心的朗读声至今依然回荡在我耳边。

这一节课，不仅带给我关于"助学"的深度思考，也让我找准了课堂中教师的位置。教师就是学生课堂学习的设计者、引导者、助力者，由此我更加坚定地认为教师要从"教学"向"助学"转变。历经十年的研究，资料助学成为我研发的助学课堂策略之一，表格助学、导图助学、图示助学等助学策略都是学生学习的有效支架。课堂上学生借助支架让学习发生了，学习过程达到了可视化，这不就是最理想的课堂吗？

从"重学"到"育能"

小学语文统编教材五年级下册第六单元人文主题是"思维的火花"，语文要素是"了解人物的思维过程，加深对课文内容的理解"。本单元编排了三篇课文，其中一篇是著名作家列夫·托尔斯泰的《跳水》，主要写了一艘环游世界的帆船航行在风平浪静的大海上，水手们在甲板上拿猴子取乐，猴子又去戏弄船长的儿子，孩子为了追回被猴子抢走的帽子，走上了桅杆顶端的横木，紧急关头，船长急中生智，逼孩子跳水，使孩子脱离危险。本文故事情节安排十分巧妙，文章具体细致地描写了猴子的放肆，把猴子戏弄孩子的过程刻画得栩栩如生，尽管对水手着墨不多，但是将其"笑声"插入其中，起到了推动故事情节发展的作用。故事把关键人物船长安排在孩子命悬一线的关键时刻出场，简洁的语言体现了船长的处事果断。以上所有，也是教学中引导学生学习本篇故事的重点所在。

然而，课堂教学按照预期的教学设计完成所有的学习任务之后，一个男生突然向我发问："老师，这艘帆船上为什么有只猴子？"一石激起千层浪，顿时引起了轩然大波。这是课堂意外，更是课堂难得的真实生成。尽管出乎我的意料，我也一时无法做出回答，但这个学生的问题让我备感兴奋。问题一出，其他学生便开始猜测：是为了解除水手们的航海寂寞吧；可能是所到之处人家送的礼物……不同的答案千奇百怪。

综合考虑，我觉得学生们的答案似乎都不太合理，也没有依据。但我想，答案一定会来自文本，这也是引导学生进入高阶思维的良好契机。于是，我迅速和下一节课的教师调了课，唯恐思维的火花中断熄灭。既然问题来源于课文，既然问题是关于猴子的，那就要回到课文从语言文字中去寻找答案。我引导学生把课文中所有描写猴子的句子找到读一读，看看有何发现。学生找到了有关描写猴子的句子，仔细阅读后大家共同的发现就是猴子非常聪明，非常通人性，是故意戏弄孩子。问题似乎还没有答案。我再引导学生读文，看看猴子在戏弄孩子的时候，依次到了哪里。学生们发现猴子先爬上桅杆，坐在一根横木上，抓着桅杆又往上爬，把帽子挂在最高的那根横木上的一头，然后坐在桅杆的顶端。学生找到这些语句之后恍然大悟：猴子太聪明了，它所到的这些地方，人难以到达。所以猴子估计孩子根本够不到帽子，也逮不到它。与此同时，学生们突然明白，这是一艘帆船，无论是横木顶端还是桅杆顶端，都需要挂船帆、系绳索。学生的思维被打开了，这只猴子能爬桅杆，又很聪明，并且从逃窜的路线上看它是那么的轻车熟路。挂帆、挂绳索，船员难以到达的地方，那肯定是它的功劳，它必定是帆船上重要的一员。至此，帆船上为什么有一只猴子的问题迎刃而解。

帆船上为什么有一只猴子？看似游离于教学内容之外，却能引导学生利用语文的方式学语文，像学科专家一样回归问题的实质进行思考。我认为这正是培育学生高阶思维能力的关键所在。一次课堂的意外，带给了我对课堂教学变革的深度思考，课堂既要"重学"，更要"育能"，这才是核心素养导向下课堂教学的应然转向。

（《中国教育报》2023 年 10 月 20 日第 5 版）